前橋市の地域づくり事典

― 「家に住む」から「地域に住む」へ ―

共愛学園前橋国際大学
呉 宣児・奥田 雄一郎・大森 昭生　編著

はじめに

「家に住むだけではなく、地域に住む」。

私が時折強調してきたフレーズである。動物の「ヒト」が人間の「ひと」と成長していくためには、「私」だけではなく自分が住んでいる所で「われわれ」を感じ共有していくことが必要であると思うからである。

「地域づくり」活動とは、結局、地域に住むということであると思う。「家」「学校」「職場」という「点」だけで成り立つ生活ではなく、地域の空間・風景や地域のさまざまな活動や出来事を共有しながら、地域という「面」で共に暮らしていくことによって、一人ひとりの中に「われわれの地域・まち」という感覚ができることではないかと思う。

「まちづくり」「地域づくり」という言葉は、国・政府主導で行われるトップダウン的な「都市計画」へのアンチテーゼとして使われていた。いまや、前橋市にも市民部生活課の中に「地域づくり係」があるように、行政側と住民側が協働して行うという意味を込めて「まちづくり・地域づくり」という言葉が用いられている。

地域に必要な道路や公共施設などの整備も、景観・風景をきれいにすることも、また、住民同士の交流を深めたり地域の伝統を維持したりする活動も、「まちづくり・地域づくり」という。住民の暮らし方・関わり方に重みをおいて「地域コミュニティデザイン」と言ったり、「事のデザインの中での物のデザイン」と表現されたりもした（呉,2004）。

本書では、前橋市で10年あまり展開されてきた「各地区を中心とする地域づくり活動」の様子を中心にまとめた。各地区で活躍する住民の方々、前橋市市民部生活課の方々や地域専門担当員の方々の協力に感謝する。

編集者を代表して　呉　宣児

前橋市地域づくり活動のあゆみ

　今から10年前の平成17年、前橋市は「新たな地域づくりに係る取り組み」の方針を固めた。

　この「方針」では、「協働型社会の構築」と「地域コミュニティの再生」の２つの目的を掲げ、モデル地区を選定した上で地域と行政がそれぞれ「地域づくり」に対する理解を深めながら、取り組みを進めていくこととした。そして翌年、上川淵・桂萱・南橘・清里・大胡の５地区をモデル地区として、前橋市の「地域づくり推進事業」はスタートした。

　モデル地区においては、自治会長をはじめ各種団体の役員等による検討組織が中心となって、市職員と連携しながら準備を進め、「地域づくり協議会」が設立された。

　以後、段階的に他地区でも協議会が設立され、平成27年８月には、市内で23番目となる「中川地区地域づくり協議会」が設立された。各地区では、多くの担い手の方々の尽力により、「地域主体による課題解決力の向上」「地域における支え合いの強化」に向けて、福祉や健康、スポーツや文化、さらには環境や防災など、地区の課題や特徴に対応したさまざまな事業が展開されている。

　市は、こうした地域づくりの取り組みに対し、活動助成金を交付する形で支援を行ってきたが、平成23年度からはこれに並行して、「地域担当専門員」を順次配置してきた。

　地域担当専門員は「地域と行政のパイプ役」として、行政情報の提供や地域の情報収集等を行いながら、地域づくりも後方支援しており、その力を大いに発揮している。

　また、各地区の地域づくり協議会の横の連絡組織として「前橋地域づ

くり連絡会」を組織し、相互の情報交換や交流、さらには年に一度の「地域づくり交流フェスタ」の開催など、地域づくりに対するモチベーションの向上につなげる場として機能している。

　さらに、平成26年には、将来の地域づくりの担い手となる若い世代が、自分のやりたいことや夢などを自由に言える場として「前橋の地域若者会議」を立ち上げた。

　この「若者会議」は、定例の会議だけでなく、実際の地域づくりの現場での活動や、独自の子育て支援活動などを展開しており、今後の地域づくりに若者の力を活かせる日は遠くないと考える。

　市の社会情勢は、地域づくりがスタートした10年前と大きく変わってはいないと考えるが、少子化や高齢化は徐々に進み、担い手の高齢化による地域の伝統・文化の衰退という課題は耳にするようになってきた。また、地域の安全・安心の確保など、地域の方々に頼らざるを得ない状況もあり、地域活動の担い手にかかる負担は大きくなっている。

　地域づくりは担い手の尽力があったからこそ、ここまで長く取り組んでこられたもので、平成28年度から「地域づくりの担い手にとってちょっとした励みになる制度」として、活動がポイントとなり、商品への交換や、協議会の財源として還元できる「地域活動ポイント制度」を、全ての地域づくり協議会を対象として実施する。

　これからも、さまざまな地域づくりの活動が長く続けられるよう支援し、地域づくりの担い手の方々が「みんなで楽しく地域づくり」を実現できるよう、応援していきたい。

　　　　　　　　　　　前橋市市民部生活課地域づくり係

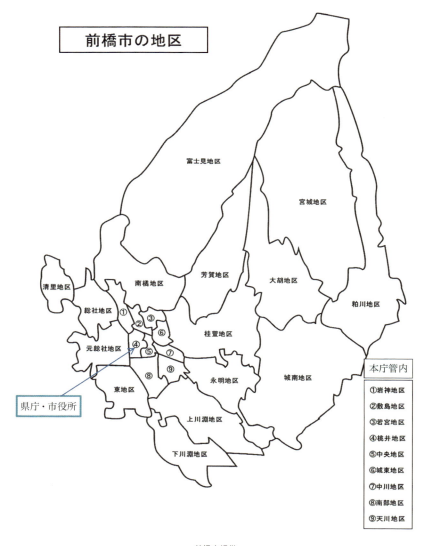

目　次

はじめに

前橋市地域づくり活動のあゆみ

序　章　まちづくり・地域づくり活動の背景……………………………　9

第1章　前橋市の地域づくり事典（地区の地域活動づくり活動）……　13
　　　　14…上川淵地区　　16…桂萱地区　　18…南橘地区　　20…清里地区
　　　　22…大胡地区　　　24…若宮地区　　26…芳賀地区　　28…総社地区
　　　　30…宮城地区　　　32…粕川地区　　34…南部地区　　36…天川地区
　　　　38…下川淵地区　　40…東地区　　　42…元総社地区　44…桃井地区
　　　　46…中央地区　　　48…永明地区　　50…城南地区　　52…富士見地区
　　　　54…敷島地区　　　56…岩神地区　　58…中川地区

第2章　アンケート調査でみる住民の地域への認識と愛着…………　60

第3章　住民講師の語りから生み出された地域づくりへの視点……　68

第4章　大学生の地域への関りと地域に対する認識………………… 75

終　章　地方創生時代における地域づくり…………………………… 83

文献一覧………………………………………………………………… 86

編著者紹介……………………………………………………………… 87

序章　まちづくり・地域づくり活動の背景

なぜ地域づくり活動が必要か

　筆者は「家にだけ住むのではなく、地域に住む」ことを講演会などで強調することがある。その時、「なぜ、地域に住む必要があるか」と疑問を投げかけてくる人もいる。

　現代社会においては、お金さえあればある程度の物はすぐ手に入れられるようになった。交通の発展によって居住地域外に移動することや、観光地を訪れることも簡単にできるようになった。さらに、インターネット・SNS等のメディアの普及により、個々人が地域にこだわらず人々と関わりができるようになった。家があれば十分で、もう地域に関わる必要はないとさえ感じる人々もいるかもしれない。

　住民主体の地域づくり活動を強調する中央政府、地域行政、そして、地域で活動をしている個々人は、それぞれ置かれた状況のなかで利害関係も含みながら、各々やり方の地域づくり活動をイメージしたり関わったりしているだろう。

　心理学、特に環境心理学の領域を専門とする筆者の立場からも、地域づくり活動に関心もって関わる理由がある。地域の人々と同じ空間・場所・風景を体験するなかで人々が「私の原風景」を形成し、地域の人々がその体験やイメージを共有することによって「われわれ（地域）の原風景」を形成していくからである（呉, 2001）。

　では、原風景とはなにか。それは、子どもの時に地域の中で体験された場所・風景、出来事等のイメージであるが、それは深層意識のなかに潜在し、生涯のなかで時折想起される。その原風景は、心労やストレスによって退行的な気分にあるとき回帰する癒やしの作用を持ったり

（南, 1995）、作家等の造形力の源泉になったりもすると言われる（奥野, 1972）。子どもの時に地域での多様な体験から形成された「私の原風景」、地域の人々と共有できる「われわれの原風景」は、自分はどういう人間なのかという自己アイデンティティを支える一部にもなるのである（呉, 2001）。原風景が漢字圏の東洋で馴染みのある用語であるが、これらを環境心理学の西洋の概念では「場所への愛着」という（Altman & Low, 1992；園田, 2002）。

　場所への愛着は、もともと発達心理のなかでボウルビー（Bowlby）の「愛着理論」から応用され作られた概念である。乳幼児が特定の養育者（主には母親）と安定した愛着関係を形成することによって、物理的に離れていても特定の対象と信頼に満ちた関係を築くことができ、成長の過程で他の人々と関係を作っていくときにもモデルの役割をすると言われている（遠藤, 2002）。この養育者との愛着形成が重要であるように、地域での特定の場所と心の絆が作られる場所への愛着の形成も、個々人において核になり、人々のアイデンティティを支える機能があるというのが場所への愛着理論である。

　物も豊かで交通もインターネットも発達し、家さえあれば、地域との関わりがなくても生きられそうで、地域を忘れられている時代だからこそ、地域づくり活動は、接着剤・潤滑剤としての意義は大きいのではないかと考える。

中央政府や行政主導の都市計画の時代からコミュニティの時代へ

　戦後は貧しさを脱却する時代であった。中央政府や地域行政の主導で全国に交通機関、河川整備、学校、医療・福祉施設などハードの整備に拍車をかけていた。中央政府主導の「都市計画・地域計画」の時代であったといえる。その間、日本は急速な経済成長を遂げ、全国を一定レベル

へ引き上げ、国民は豊かになった。

　全国に最低インフラが整備されるようになり、ある程度の物質的豊かさを手にした住民は自分たちの暮らしにおけるニーズも多様化してきた。もはや、中央政政府主導の地域計画も、地域においての行政主導の地域計画や運営も限界を感じるようになった。地域の具体的ニーズに合わせていくためには、何でも行政に任せ依存することから脱却し、住民自らも参加し行動していく必要性が出てくるようになった（杉万, 2006）。

　そうした背景の中で都市計画法が改正された。地域の実情に即して特定のエリアを対象とした計画策定ができるようになる「地区計画制度」が1980年に、また、「市町村の都市計画に関する基本的な方針」が1992年に都市計画法に盛り込まれるようになり、住民の参加も規定されるようになった。住民参加による計画原案の策定や合意形成といった住民主体により「まちづくり」の動きが活性化していくことになったのである（城月, 2018）。住民参加による「まちづくり・地域づくり」が展開されている今、巨大なハードの整備やハコものをつくることと区別し、人間関係の強調を含め「地域コミュニティつくり」「コミュニティの時代」という言葉が使われるようになった。

「まちづくり・地域づくり」を名乗るさまざまな活動と団体

　まちづくり・地域づくりという言葉は前橋市市民部生活課地域づくり係というふうに、いまや行政側が積極的に使っているが、もともとは、行政や自治体など伝統的な組織の外で使われていた言葉であった。政府や行政、企業等の政策や経営によって発生した地域住民に共通する問題（例えば、公害問題）をめぐる反対運動の流れから、次第に行政の支援を受けながら、また、行政と住民が協力して地域の課題に取り組むようになり、現在は自治体組織や行政が関わっても、自発的に住民参加が行

われているという意味を込めて「まちづくり・地域づくり」という言葉が使われている。

　「地域づくり団体全国協議会」という組織がある。一般社団法人地域活性化センターのHPによると、この全国協議会に加入している団体の活動領域は、農林・水産、商工、特産品、イベント、観光、芸術・文化、福祉・教育、環境・景観、交流、スポーツ・健康、人材育成、ネットワーク、その他の13に分類されている。2018年1月現在、群馬県からは161団体が登録されており、その中で前橋市に活動の拠点を置く20の団体が含まれていた。前橋市の20の団体の中で「まちづくり・地域づくり」という言葉を使っている団体は6団体のみで、他の団体はまちづくり・地域づくりという表現は使っていない。また、全国の協議会には登録せず独自に活動している団体や個々人はもっと多いだろう。

　まちづくり・地域づくり活動をしていると名乗る団体には、その活動領域も、組織の規模も異なり、行政の支援を受ける団体も受けない団体も含まれている。共通している点として、自発的な住民参画・参加があることや、大規模なハードの整備の活動はあまり見られないことがあげられる。

　本書で紹介する「前橋市の地域づくり活動」とは、前橋市市民部生活課の支援を受けながら、「各地区の住民」が協議しつつ「地域づくり推進協議会」を立ち上げ、その単位で活動してきた様子の紹介であることを示しておく。「地区の住民による地域づくり活動」とは、完全なる自治会の活動そのものでもなく、完全なる個人の趣味でもなく、もちろん完全なる職業でもない。自発的な半義務と個人的な力量を持って「地域」という共通項をもとに住民同士で調節しながら、自分達が住んでいるところの地域らしさを再発見・継承しつつ地域に暮らしながら、生きやすい地域を目指している活動と言える。

第1章　地区の地域づくり活動 (平成27年12月現在の情報)

　前橋には全部で24地区があるが、その中で23地区において地域づくり協議会がある。本章においては、各地区の活動の様子についてまとめている。各地区で地域づくり協議会が作られた時期は異なり、10年以上活動をしてきた地区もあれば、まだ3年程度の地区もある（表1-1参照）。どの地区においてもはじめに地区毎に準備委員会が構成され、その後1年あまりの協議を経て地域づくり協議会が設立されてきたという経緯がある。

表1-1　前橋市の地域づくり協議会の立ち上げ順

指定年度	地区協議会名
平成18年度	上川淵地区地域づくり協議会
	桂萱地区地域づくり推進協議会
	南橘地区地域づくり推進協議会
	清里まちづくり協議会
	大胡地区地域づくり推進委員会
平成19年度	若宮地区地域づくり推進協議会
	芳賀地区地域づくり推進協議会
	総社地区地域づくり推進委員会
	みやぎ地域づくり交流会
	粕川地区地域づくり協議会
	南部地区地域づくり協議会
	天川地区地域づくり協議会
平成20年度	下川淵地区地域づくり推進協議会
	東地区地域づくり協議会
	元総社地区地域づくり協議会
	桃井地区地域づくり協議会
平成21年度	中央地区地域づくり協議会
	永明地区地域づくり協議会
平成22年度	城南地区地域づくり協議会
	富士見地区地域づくり協議会
平成24年度	敷島地区地域づくり協議会
	岩神地区地域づくり協議会
平成26年度	中川地区地域づくり協議会

図1-1　フェスタのポスター

　各地区で協議しながら活動が行われ、2~3ヶ月に1度の頻度の全地区の代表が集まる「連絡会議」で全体の議論や情報交流を行う。また、年1回、全地区が集まり地区間交流や市民全体への宣伝を目的とした「前橋地域づくり交流フェスタ」が開かれる（図1-1）。

上川淵地区地域づくり協議会

〈平成27年12月現在〉

執筆者名　鈴木　正知

面　　積：12.87㎢
人　　口：26,016（平成27年12月現在）
世帯数：11,153（平成27年12月現在）
設立日：平成19年6月30日

上川淵地区地域づくり協議会の理念
　地域文化の特色を思い起こさせ、伝え、残せる暮らしを持続可能にすること。

○地域の特徴
　前橋市の南部に位置し、平坦地が広く田園（旧住宅地区）と新興住宅地（新住民地区）が自治会単位で分かれる地域。この地域は4世紀後半には多くの古墳が点在し、その数は大小合わせると数百といわれている。現在では6カ所の古墳が現存し、国指定の八幡山古墳がその中心。中には国立科学博物館に展示される金冠も出土している。そんな誇るべきバックボーンが存在するのも、いかにこの地域が古くから暮らしやすい地域であったかを物語っている。

○部会の構成と取り組み
　①食農教育部会：休耕地・耕作放棄地を有効活用し、世代間・住民間の交流を促すとともに、作物を育てることで地域の食に関心を持つきっかけをつくる。地域の古墳文化をバックボーンに住民参加による古代米の作付け・販売で地域おこしを図り、さらに稲わらを使った竪穴式住居づくりを通して子どもたちへ地域の歴史文化を知るきっかけをつくり地域愛を育む。
　②安心安全部会：自主防災組織や運用、子どもたち自身が危険回避できる能力を身に付けることができる「地域安全マップづくり」など地区外でも役に立つ危機管理能力を引き出す。
　③福祉部会：年齢の高い人たちの生活（健康指導も含め）の改善につながる事業「茶話会」の実施、子育て世代の支援では「子育てサロン」の開催など。

○問題点
　活動の固定化で人材の固定化が始まる。いかに活動の固定化を防ぎ同時に活動に幅を持たせられるか、地域の人材に世代と地区の幅を持たせマンネリ化を予防できるか、が鍵ではないかと考えている。

○未来像
　地域の活動にはあまり興味関心のない人が圧倒的に多いと思う。しかし、その一人一人にはしっかりとした地域に対する愛情や関心がある。一人一人の意見や希望を引き出すことができれば必ず今より良い（暮らしやすい）地域に変わることができる。伝統や継承にとらわれるのではなく、伝統や継承を今の生活に溶け込ませる変化を受け入れる世代間の信頼関係を築くことが結果的に「地域づくり」ではないだろうか。広い意味で教育的観点から地域を見渡すと見えてくると感じている。

第1章　前橋市の地域づくり事典　15

古代米の刈り取りと"ハザ"掛け

竪穴住居の補修

ジャガイモの収穫

サツマイモの収穫

子育てサロン

ふれあい茶話会

桂萱地区地域づくり推進協議会

〈平成27年12月現在〉

| 執筆者名　真下　靖 |

面　積：16.74k㎡
人　口：28,812（平成27年12月現在）
世帯数：12,343（平成27年12月現在）
設立日：平成19年4月1日

桂萱地区地域づくり推進協議会の理念
すみよい桂萱づくりを目指し、無理なく、みんなで、楽しく継続できる活動に取り組む。

○地域の特徴

桂萱地区は、前橋市の北東部に位置し、広瀬川や桃ノ木川など古利根川の北流域にある地域である。歴史的には、新田塚古墳や上泉郷蔵等の史跡、上泉の獅子舞や片貝神社太々神楽などの神事芸能が伝わっており貴重な文化財がたくさん残っている。また、柳生宗厳に新陰流を伝え「剣聖」と聞こえた上泉伊勢守の生誕の地があり、生誕500年祭や平成27年には米沢市や鹿島市のゆかりの方を交えた「剣聖サミット」を開催するなどさまざまなイベントが開催されている。近年では、3つの高等学校や大学、各種の専修学校など多くの教育機関が設置されるとともに、住宅団地等の開発による新興住宅地と古くからの集落が混在する地域となっている。

○部会の構成と取り組み

①**ファミリーウォーキング部門**：歩くことを通して健康づくりに取り組むため、地区内はもとより、交流と結び付きを広げるファミリーウォーキングを実施している。また、地域の大学・病院などと連携して、健康検査等の健康事業を実施している。

②**もったいない活動部門**：水・電気などの無駄遣いをなくす、もったいない啓発活動や地域ぐるみで有価物集団回収を進める活動を実施している。また、地球環境を守る講演会の開催や、その他のもったいない活動に取り組んでいる。

③**広報・啓発部門**：地域づくり活動の目的や、活動内容、実施状況などを広く周知し、地域住民への活動参加を呼びかけるとともに、自然や施設・人材などの地域資源を紹介することで交流や事業への広がりを期待する広報活動を展開している。

④**福祉部門**：高齢者を対象とした「ふれあい・いきいきサロン」と子育てサロンの事業充実を図るため、サロン等の運営に携わる人を対象とした支援者養成講座を開催している。また、地区文化祭に併せて地区内の中学・高等学校との連携を深める世代間交流を行っている。

○問題点

地域活動に対する、担い手や参加者が年々減少傾向にある。これらの原因が活動の固定化によるものであるのか、活動経験がなく躊躇しているものなのかなど、原因を明らかにする必要がある。

○未来像

すみよい桂萱づくりを目指して、子どもから高齢者まで気軽に参加できるもの、地域全体として取り組むことができる地域活動を通じ、地区住民の交流と連携を図ることにより、さまざまな地域課題に対し地区住民自ら考え行動するといった自立的な地区となっていること。

第1章　前橋市の地域づくり事典　17

ファミリーウォーキング部門
ファミリーウォーキング「上電で行く県庁展望、花燃ゆ大河ドラマ館と臨江閣見学コース」での参加者の様子

広報・啓発部門
年2回の定期的な地域づくり通信の他、不定期に特別号を発行している

もったいない活動部門
桂萱地区地域づくり推進大会で表彰される「もったいない標語」入賞の小、中学生の様子

福祉部門
ふれあい・いきいきサロン支援者養成講座「簡単！楽しく笑ってみ〜んなでレクリエーション」で楽しく学ぶ参加者の様子

南橘地区地域づくり推進協議会

〈平成27年12月現在〉

執筆者名　宮本　吉郎

面　　積：14.34km²
人　　口：39,662（平成27年12月現在）
世帯数：17,496（平成27年12月現在）
設立日：平成19年2月24日

南橘地区地域づくり推進協議会の理念

地域に残る豊かな自然を大切にし、次の世代に引き継ぐとともに、思いやり、助け合いあふれる住みよい地域を目指した活動を行う。

○地域の特徴

前橋市の北西部に位置し、上記の人口で構成される、市内一番のマンモス地区である。また、上武国道の建設、道の駅設置、区画整理などの都市化が進んでいる一方で、桃ノ木川、赤城白川、橘山などの豊かな自然環境が残っている地域でもある。

○部会の構成と取り組み

①自然環境部会

自然に親しみ、かつ残そうと『赤城白川まつり』を開催し、みんなで河川敷のごみ拾いをしている。平成27年は『赤城白川源流探索会』も実施している。

地域の『里山』だった『橘山』の復活のためヤマザクラの植樹、遊歩道の整備を実施している。

田口町を始め、ホタルが飛び交う環境を大切にしている。

②花・緑いっぱい部会

地域の伝統野菜『田口菜』を栽培する『田口菜プロジェクト』を実施。花を見て、食べておいしい田口菜の摘み菜、そして『菜種油』を搾って地域のみなさんに販売している。

南橘地区14町の『花いっぱいコンクール』も赤城国体（1983年）以来継続中である。

③ごみ減量・リサイクル部会

有価物集団回収、雑古紙回収を各町内と協力して実施している。また、廃食油をドラム缶約15本分回収し、バイオ燃料や石鹸にリサイクルすることで、CO_2を削減し、地球温暖化防止に寄与している。

さらに、古着などの再利用を図る交換会、無料配布会を実施している。

④福祉部会

地域福祉の充実『ふれあいいきいきサロン』、『安全安心パトロール』を実施している。また、子育て支援の取り組みとして『南橘子育て井戸端サロン』を開催している。

さらに、自立支援活動として、要支援者への災害時における支援体制づくりなどに取り組んでいる。

⑤広報部会

『南橘地域づくり通信』の発行や各種行事のビデオ撮影等の広報活動を行っている。また『地域探検隊』で、各町の隠れた文化財等の掘り出しを行い、地域の名所等のマップを4カ年計画で作成予定。現在、14町中7町で実施見込みである。

○問題点

創設から10年目を迎え、各部会の活動は定着してきたが、同時にマンネリ化も進んでいるのが現状である。新しい人材の活用が今後の課題である。

第1章　前橋市の地域づくり事典　19

○未来像

　南橘地区文化祭で販売する『田口菜オイル』の販売も好評である。赤城白川まつりでは、参加者に配布する焼きそば700食がなくなるといったように、一定の理解はあるが、まだまだ地域活動への関心は高いとは言えない。継続を通して『みんなの地域づくり参加』を図っていきたい。また、設置予定の道の駅等を地域の特性を生かした活動・交流の拠点として活用し、展開していきたい。

清里まちづくり協議会

〈平成27年12月現在〉

執筆者名　松下　博寿

面　　積：39.00㎢
人　　口：3,659（平成27年12月現在）
世帯数：1,409（平成27年12月現在）
設立日：平成19年2月24日

清里まちづくり宣言

私たちは「心豊かで活力ある清里」の実現に向けて一人ひとりの力を大切に協働の精神でまちづくりに取り組むことをここに宣言する。

平成19年2月24日

○地域の特徴

前橋市の西端に位置し、高崎市、榛東村、吉岡町と接する。南北には県道高崎渋川線、東西には県道南新井・前橋線が走り、また、地区の東側には関越自動車道の駒寄スマートICがあり、交通の便に恵まれた環境にある。畑や水田地帯が広がる地区で農業が盛んであり、特産農産物は枝豆や玉ねぎ、ほうれんそう、ブロッコリーである。

○部会の構成と取り組み

①花いっぱい運動部会：地区できれいな花を育てている家の花壇や畑の写真を貼った「花マップ」を作成し、清里公民館に展示している。また、年間を通して県道沿いの花壇など3カ所の「花はな花壇」の整備を行い、多くの通行者の目を楽しませている。

②社会福祉部会：ふれあいいきいきサロンを開催し高齢者に身近な地域交流の場を提供している。また子育てサロンでは地域内での新たなコミュニケーションの創出に役立っている。

③食育部会：地区特産の枝豆、玉ねぎを使った「きよさと焼」を中心に地域づくりを行っている。地区内の行事のほか市のイベントや他地区の行事に参加して多くの人に味わってもらっている。また、子どもたちに特産の枝豆の種まきから収穫までを経験してもらう「収穫祭」や、小学生にきよさと焼を焼く体験をしてもらう「きよさと焼教室」を開催している。

④まちづくりだんべえ部会：だんべえ踊り、オリジナルダンスで地区の文化祭や夏祭りに参加してイベントを盛り上げている。また「前橋まつり」にも毎年参加してエネルギッシュな踊りを披露し清里まちづくり協議会をアピールしている。

⑤事務広報部会：年4回発行のまちづくり広報の企画・編集を行っている。年に1回発行するオールカラーの広報紙は好評だ。

⑥子ども八木節部会：小学生を中心に構成されている八木節部会で、地区のイベントには欠かせない。年々部員も増えてきている。

⑦オープンガーデン部会：27年5月の「第1回オープンガーデン清里」の開催を機に部会が立ち上がった。花いっぱい運動部会のメンバーが中心となり、花を通じて地区内の交流が活発になることを目的にオープンガーデンが実施された。第1回にもかかわらず参加者が多く、来年はさらに多くの見学者に楽しんでもらえるように企画を練っている。

⑧ふるさと祭部会：平成18年に地域づくり推進事業のモデル地区の指定を受け、その活動として地元の夏祭り「清里ふるさと祭」を11年ぶりに復活させた。それ以来2年に1度開催され、来年には5回目を迎えるが、子どもから高齢者までたいへん楽しみにしており、特に住民の協賛金で打ち上げる花火はまさに地域が一体となる大イベントである。

○問題点

　清里地区の地域づくり活動は専門部会が中心となり、それぞれの部会が独自にその活動範囲を広げていることは素晴らしい。しかし、一般の住民からみるとメンバーが固定化し、地域の人に門戸が開かれていないと思われがちであるため、誰でもいつからでも参加が可能な地域づくりの組織であるべきである。また、若い世代の力をどう活用していくか、また次の世代にどう引き継いでいくかが重要な問題点である

○未来像

　まちづくりの活動が始まって10年になるが、まだまだその存在を知らない人やきよさと焼を食べたことがない人も多くいる。今後は、祭りに参加したり、イベントの担い手になったり、きよさと焼の販売に携わるなど、地区内のより多くの人が何らかの形で地域づくり活動に関わっていただきたい。そこからコミュニケーションが生まれ一体感が生まれ絆が強まれば、地域づくりの目指す方向性がより深まるものと思われる。

清里ふるさと祭

中高生のボランティアが活躍

人気のきよさと焼

花はな花壇

大胡地区地域づくり推進委員会

〈平成27年12月現在〉

執筆者名	本間　進

面　積：19.76k㎡
人　口：18,264（H27年12月現在）
世帯数：6,996（H27年12月現在）
設立日：平成18年12月11日

大胡地区地域づくり推進委員会の理念

　「健康づくり」を中心とした活動に取り組み、お互いに「思いやり・支え合い・助け合い」ながら、子どもから高齢者まで心豊かに暮らせる地域づくりを進める。

◯地域の特徴

　前橋市の東部、赤城山の裾野に位置し、全体的に緩やかな南傾斜となっている地域。この地域の歴史は古く、上野三碑の一つ「山上碑」に、大児（おおご）の名が刻まれている。中世には広大な大胡郷の中心地として栄え、戦国期は大胡城主の大胡氏、江戸時代初期には牧野氏が居住し、牧野氏が長岡に移った後は前橋藩の支配下に入り日光裏街道沿いの市場、宿場町として発展した。平成の大合併で、平成16年12月5日旧大胡町、旧宮城村、旧粕川村と前橋市に合併。

◯部会の構成と取り組み

①地域推進部会：自治会長で構成し、事業の組織的な支援と、各部会の取り組みを地域に浸透させる活動を行っている。また、全部会による「おおご健康ウォークフェスティバル」を開催。

②健康運動部会：健康増進やふれあいの場として、毎月1回地区農村環境改善センターで「健康ひろば」を開催。ピンシャン元気体操や軽スポーツを参加者と実施。また、早朝のウォーキングを楽しむ「地区別健康ウォーク」を主催している。

③介護予防・心の健康部会：介護予防サポーターによる「おおご元気塾」を、毎月2回地区農村環境改善センターにおいて開催。ピンシャン元気体操を実施し、参加者に健康づくりを指導。

④食育推進部会：「おおご健康ウォークフェスティバル」で、「ヘルシーとん汁」などの提供や「のびゆくこどものつどい・ふれあいひろば」において、「お箸を上手に使おう」などを実施するとともに、食育カルタの展示など食育の重要性を啓発。

◯問題点

　委員の固定化とともに年々高齢化しているので、地域づくりに関心を持つ新たな委員の確保が一つの課題である。また、事業についてもマンネリ化してきているので、新規事業の実施等の検討を始めるとともに、事業のPRを推進する必要がある。

◯未来像

　今以上に、少子化・核家族化・高齢化が進み、「思いやり・支え合い・助け合い」の気持ちが薄れていくと思われるので、世代間の交流を図り、信頼関係を築いて、子どもから高齢者まで心豊かに暮らしていける「地域づくり」が進み、活発で元気な「大胡地区」になっていってほしい。

第1章 前橋市の地域づくり事典 23

おおご健康ウォークフェスティバル

地区別健康ウォーク　　　　　　　　健康ひろばでの「スカイクロス」

おおご元気塾での「ピンシャン元気体操」

のびゆくこどものつどいでの「お箸を上手に使おう」　おおご健康ウォークフェスティバルでの
　　　　　　　　　　　　　　　　　　　　　　　　　　「ヘルシーとん汁」の提供

若宮地区地域づくり推進協議会

〈平成27年12月現在〉

執筆者名　岡田義太郎

面　　積：1.05km²
人　　口：6,177（平成27年12月現在）
世帯数：2,905（平成27年12月現在）
設立日：平成20年4月1日

若宮地区地域づくり推進協議会の理念

有るものを生かして
地域の人々と共に生きる

○地域の特徴

　若宮小学校区・7町でまとまった地域で、保育園、幼稚園、群大の付属幼稚園・小学校・特別支援学校・国際交流会館・養心寮、放送大学学習センターが立地し、中学校と群大医学部・付属病院が直近隣接地区に所在する文教的色彩の強い地区である。また、戦前・戦後は製糸業が多く、用水路が多いのも特徴。

○部会の構成と取り組み

①立ち話に花を咲かせたい（副題：継続を意味する「また　あした部会」）
　昼間在宅高齢者対策の一手法：日に一度は戸外に出て、近隣の人々とお喋りと笑いを楽しみ、できれば学童の下校時間を選択し、子どもを見守る。
②身近なサロンで楽しみたい（副題：継続を願って「こんどは　いつ部会」）
　サロンは、単なるふれあいサロンでなく、健康・趣味・老人と子どもをも取り入れた複合サロンを目指し、町別実施で効果を上げている。
③景観と安らぎ空間を創りたい（副題：願いを直接表現し「川辺で　くつろぎたい部会」）
　A）プランター設置と植花（除草・清掃、日常の給水作業も含む）
　B）マス釣り大会（河川清掃・周辺の除草作業も含む）
　　参考：ホタルの飼育河川を定め、環境改善に努めてきたが断念。

○問題点

　当地区の地域づくり推進協議会の中核は、自治会と自治会連合会であるが、組織の高齢化による行動力の低下が危惧される。また、後継者層の大半が拘束力の強い組織に属しているのが現状であり、更に、顕在化している個人偏重も足かせとなってきている。

○未来像

　世界進出はすでに始まっている。宇宙時代もすぐそこに来ている。こんな時こそ「心の故郷づくり」が必要。成長期の学生・学童が、楽しみながら、高齢者と共に汗を流す地域づくりを見据えたい。

第1章　前橋市の地域づくり事典　25

魚釣り用の釣り竿を作製しています

ホタル放流河川の清掃

市街地の佐久間川で魚釣り大会

マスがきれいに並びました

フラワーポットに花を移植しています

保健学専攻学生による報告会

芳賀地区地域づくり推進協議会

〈平成27年12月現在〉

執筆者名　吉田　叶

面　積：16.10㎢
人　口：9,937（平成27年12月現在）
世帯数：3,928（平成27年12月現在）
設立日：平成20年3月16日

芳賀地区地域づくり推進協議会の理念

芳賀チャレンジ21。芳賀10町が足並みをそろえて、地域の支え合いや自主自立性の強化を図りながら、多世代間交流を通じて地域の活性化および主体的なコミュニティーづくりに取り組む。

○地域の特徴

1954年（昭和29年）の「昭和の大合併」により、前橋市に編入。赤城山の南麓、前橋市の北部に位置し、農村地区に属するが、約40年前から工業団地・住宅団地の造成が行われ、新・旧住民の交流などを通じてまちづくり・地域づくりが行われてきた。6世紀後半のオブ塚古墳をはじめ、五代大日塚古墳、五代町から出土した埴輪「踊る男子像」などは有名。9世紀創建と伝えられる善勝寺の鉄造阿弥陀如来坐像は国指定重要文化財。

また、童謡「うみ」や「チューリップ」などの作曲者である井上武士、国産フィルムの発明者である長岡菊三郎、市井の生物学者の角田金五郎などを輩出している。

○部会の構成と取り組み

①**総務部会**：地域づくりの中枢を担うのは各自治会である。そこで、各町自治会長によって構成し、年度の企画作成に当たる部会である。3年間、各町が畑づくりを行い、収穫祭を実施してきたが、平成27年度より、文化祭・まちを明るくする集い・収穫祭を有機的に結合し、芳賀ふるさとまつりと称する新事業を立ち上げた。

②**運営部会**：イベントの運営全般を企画し、その実施に当たる実働部隊である。収穫祭では、各町の連絡調整・会場整理・駐車場の管理運営などを行った。

③**広報部会**：毎月1回を原則に「芳賀地区地域づくり通信」を発行。各町の進捗状況を報告したり、イベントの周知徹底などを行った。

④**芳賀地区地域づくり推進協議会**：各町自治会長を中心に、各種団体・学校関係・警察関係・各町推薦者（自治会長を除く企画運営委員）計53人で構成。実行委員会方式で、会務を推進している。

○問題点

少子・高齢社会は閉塞性を伴いがちで、自主的な活動全般が停滞気味となっている。そのため、当地域づくり推進協議会では、自治会長を中心に据えて企画運営をしているが、その分、自治会長の負担が過重になってしまう。また、最近は自治会長の任期が短くなっていることもあり、事業や行事の理念や基本原則の継承が困難な側面も生じている。

○未来像

少子・高齢化に伴い、主体的コミュニティーづくりが要請されている現実がある。各町がどうすればコミュニティーデザインを描くことができるかが、ますます重要になってきている。

芳賀地区地域づくり推進協議会の主催行事（平成27年度）

芳賀地区　観桜会　平成27年4月4日(土)　五代町大正用水堰堤

第20回　芳賀地区ふれあい寄席　平成27年9月6日（日）

第1回　芳賀ふるさとまつり　平成27年11月7・8日（土・日）

総社地区地域づくり推進委員会

〈平成27年12月現在〉

執筆者名　吉澤　信明

面　積：5.48km²
人　口：12,641（平成27年12月現在）
世帯数：5,549（平成27年12月現在）
設立日：平成20年5月28日

総社地区地域づくり推進委員会の理念
地域における支え合いや自主・自立性の強化を図り
ながら、誰もが安全に安心して暮らせる地域づくり
を進める。

○地域の特徴

　総社地区は前橋市の西部に位置し、古代においての総社古墳群・遠見山古墳・二子山古墳・愛宕山古墳・宝塔山古墳・蛇穴山古墳・王山古墳など歴代の古墳が存在している。

　また、近世では江戸時代初期において秋元公により城下町が形成され、秋元公転封後は佐渡奉行街道の宿場町として発展した。

　現在も街並みにその面影が存在している。

○部会の構成と取り組み

①**総社秋元公歴史まつり実行委員会**：地域づくりの主要行事である、総社秋元公歴史まつりを開催するため、自治会、秋元公顕彰会をはじめ、総社地区各種団体の役員で組織し、歴史まつりを実施する。

②**秋元公顕彰会**：秋元公の功績を称え、また感謝の意志を後世に伝えようと「秋元公歴史まつり」開催の中心団体として、隔年において祭りを開催し、市長が秋元公に扮して盛大に武者行列を行っている。

＜関連組織＞

③**総社史跡愛存会**：地元歴史家を中心に組織し、地域の文化財・史跡の評価指定や説明板・標柱の設置を行い、地域をはじめ多くの人に文化財・史跡への関心を深めてもらうことで、未来に向けての保存活動を行っている。また、それらの文化財・史跡を冊子にまとめ皆さまに紹介している。

④**総社資料館説明員の会**：総社古墳群・秋元公の総社における功績の文化財資料の展示および地域で古くから使われていた農業用をはじめとしたさまざまな道具の展示を行っている資料館があり、そこに見学に来る見学者（市内の小学校児童が学習に来館）に説明活動をしている。また古墳群見学者にも説明している。

○問題点

　活動の中心である「総社秋元公歴史まつり」はそれなりに盛り上がっているが、それ以外の活動は行っていない。関連組織である史跡愛存会や、新たに整備される総社資料館を活用した取り組みが必要である。

○未来像

　総社秋元公歴史まつりを活動の中心とし、歴史の町としての整備（古墳群の整備・城下町としての案内板設置等）を行い、関連組織と連携して地域住民にも総社地区の歴史と文化を今まで以上に関心を持ってもらうとともに、JR群馬総社駅または総社公民館を起点に文化財・史跡見学コースの案内チラシなどで誘客を図り、地域活性化を推進する。

第1章　前橋市の地域づくり事典　29

地域づくりのメイン活動・総社秋元公歴史まつり

H27.11.8　総社秋元公歴史まつり出陣式（雨のため公民館ホールで開催）

武者行列リハーサル

歴史まつり開催に向けての実行委員会

地域づくりフェスタ・秋元公関連の資料展示

生涯学習フェスティバル・甲冑着付け体験会

みやぎ地域づくり交流会

〈平成27年12月現在〉

執筆者名　大崎　博之

面　　積：48.13㎢
人　　口：8,174（平成27年12月現在）
世帯数：2,885（平成27年12月現在）
設立日：平成19年9月10日

みやぎ地域づくり交流会の理念

地域の人たちの交流やコミュニケーションを図り、地域における支え合いや自主・自立性の強化を図りながら、誰もが安全に安心して暮らせる地域づくりを進める。

○地域の特徴

赤城山の南麓に位置し、標高200mから山間部にかけて徐々に傾斜していて、標高600m以上は急傾斜の森林が広がり、面積の80％が山林である。平成16年12月に前橋市に編入合併。主要産業は、現在、畜産業（食肉出荷量：前橋1位）、花桃などの花木栽培。以前はしいたけ栽培や養蚕が盛んであった。併せて、前橋市指定文化財が60余りと多く、江戸時代の古民家の阿久沢家住宅は国指定重要文化財である。鉄道はなく、一世帯当たりの自動車保有数は4.6台と保有率が高い。昭和25年から黒酒の原料として天皇陛下に「粟」を献上している。また、観光地として、赤城温泉郷、千本桜、フラワーパークなどを有し、地域外の人が訪れる機会も多い。

○部会の構成と取り組み

①**ふれあい交流部会**：祭りや集会行事を通して、住民間の交流を深め、結び付きを強めていく。11月の「いいもん祭り」は、地区文化祭を盛り上げ、若年層からお年寄りまで寄り合う機会として定着しつつある。冬の軽スポーツフェスティバルは、地域の諸団体と連携して行っている。

②**自然環境交流部会**：地区内の荒砥川に着目して、プロジェクト「清流荒砥川に集う」と題して住民交流活動を実施している。多くの人を巻き込んでの除草、剪定、清掃作業「荒砥川美化運動」、地域外も巻き込んで「荒砥川自然満喫会」の実施。
山野草ガイドブックの作成などを手がけている。

③**福祉交流部会**：前橋市地域福祉行動計画に沿った福祉活動の推進。
地域のサロンの開催。毎年600kgを超える回収量のエコキャップ運動の実施。
福祉防災研修会の実施。

④**広報委員会**：各部会活動の広報。年4回「きずな通信」の編集、発行。
みやぎ七字ファミリー（ゆるキャラ）の活用。ビデオ「みやぎの四季」の製作、上映。
その他、地区内外諸事業でのパネル展示や上映など開催している。

○問題点

交流のテーマは大きいので、事業への広がりの可能性を探りながら、担い手のモチベーションを現状維持していく努力を続けている。新しい息吹を加えながら、会の活動が停滞しないように、努めていきたい。もともと、役員が比較的若い会であるので、現状を保てるのかが課題である。

○未来像

「地域づくりに人づくり、ふるさとづくり」

交流を通して、地域内外の結び付きを強め、地域特性を生かしながら、自治会や諸団体と協力して活気と愛着のもてる地域を創造していく。

第1章　前橋市の地域づくり事典　31

荒砥川自然満喫会での野草天ぷら

いいもん祭り　地元食肉配布コーナー

2015モデル
七字ファミリーTシャツ販売

©みやぎ地域づくり交流会

福祉防災のつどい

荒砥川遊歩道除草・清掃作業

粕川地区地域づくり協議会

〈平成27年12月現在〉

執筆者名　坂本　實

面　積：25.96km²
人　口：11,090（平成27年12月現在）
世帯数：4,034（平成27年12月現在）
設立日　平成20年5月30日

粕川地区地域づくり協議会の理念
地域住民の心のよりどころである粕川を「理念は地球規模で　実践は足元から」の精神で地域住民一体となり環境美化に取り組んでいる。

○地域の特徴
　前橋市の東の玄関と称されている粕川地区は、赤城山の小沼を水源とする粕川を中心にその肥沃な土地には古くから人々の暮らしがあり、歴史や文化が育まれてきた。特に粕川の名前に由来する近戸神社の「月田のささら」は、約600年もの間、途絶えることなく継承されてきており、今も行われている「御川降り」の濁酒（糟酒）を流す神事が地名の由来にもなっているといわれている。この「月田のささら」で奉納される獅子舞をはじめ、女渕の御霊神社「太々神楽」、込皆戸の白山神社「操り人形式三番叟」は地域の三大芸能として今もなお受け継がれており、歴史と文化の薫り高い地域である。
　また地域の中央を流れる粕川は、地区住民の心のよりどころとして愛され、毎年延べ千人を超える人々の手で美化作業が行われており、他では例を見ないほどの結束力を持つ地域と自負している。

○部会の構成と取り組み
①環境部会：一級河川粕川の環境美化や花いっぱい運動に取り組んでおり、また粕川沿線などに植えられた樹木などの管理を行っている。
②保健福祉部会：各自治会単位で置かれている高齢者向けいきいきサロンや、子育てサロンなどの運営、支援を行っている。また、人口減少対策の新たな取り組みとして、粕川の魅力を知ってもらい、定住してもらうための婚活関連事業にも乗り出した。
③食部会：地域に伝わる伝統食の研究や伝承など、地域の食に関する研究に取り組んでいる。特に粕川沿いに植えられているあんずの活用をヒントに、あんずを核とした地域づくりを現在進めており、あんずジャムなど加工品の研究、製造、販売に取り組んでいる。

○問題点
　地域の人口はほぼ横ばいではあるが、着実に少子高齢化は進んでおり、高齢者世帯が増える中、いきいきと暮らせる、また誰もが暮らしたくなる環境の整った地域づくりが必要である。

○未来像
　前橋市の東の玄関として、道路、河川沿いが花いっぱいで美しく、また象徴である粕川もいつまでも美しく清流が流れ、若い人たちが暮らしたくなる魅力と活気に満ちたふるさと粕川を創り上げたい。

第1章　前橋市の地域づくり事典　33

約600年の歴史を受け継ぐ月田のささら

地域の思いが結集され行われている粕川河川清掃

地域おこしの期待を担うあんずの収穫作業

南部地域づくり協議会

〈平成27年12月現在〉

執筆者名　久保村　茂

面　積：2.96km²
人　口：12,799（平成27年12月現在）
世帯数：5,824（平成27年12月現在）
設立日：平成20年10月1日

南部地域づくり協議会の理念

地域住民のつながりの再構築を図り、安全に安心して暮らせる地域づくりを進める。

○地域の特徴

　北は両毛線を境に、北東に前橋駅南口を有する南町三丁目、南町四丁目、六供町があり、西は利根川を境に北西から南町一丁目、南町二丁目、六供町生川の6町からなる地区。

　主な公共施設は前橋市民文化会館があり、県民会館と並びにぎわいを見せている。また、教育施設も保育所を始め小中学校、県立盲学校などがあり充実している。さらに、ゴミの焼却場や刑務所といった特殊な施設もあり、公園、神社も多く住民の憩いや催事の場ともなっている。

○部会の構成と取り組み

①健康づくり部会：グラウンドゴルフ大会、市民運動会、歩け歩けの集いなどの催しにより高齢者の体力強化や幅広い世代間交流による家族間の絆の強化、安定した自治会運営を目指している。

②安心安全部会：新聞ニュースなどで報道される災害は、毎年各地で大きな被害をもたらしている。防災訓練、防災講演会などを実施することにより、防災意識を高揚させるとともに、突然やって来る災害に対応できる地域づくりを進めている。また、町ごとに小学校児童の下校時見守り活動に取り組んでいる。

③福祉部会：民生児童委員を中心に、一人住まい高齢者の見守り、引きこもり防止のため、いきいきサロンを開催し身近な体操や健康相談、おしゃべりや会食などを行い、健康増進を図っている。また、老人会を主体に毎月1回、高齢者教室を開催し市の出前講座やビデオ鑑賞を楽しむなど、地域の大切な学びの場としている。年1回地域福祉研修会を開催、住民相互の支援活動の必要性や資質向上を図っており、福祉部会は南部地区として一番力を注いでいる。

○問題点

　各町内における世帯数のばらつきや複数の学校区により他の地区を掛け持ちする町もあり、一概に足並みをそろえることは難しいと言わざるを得ない。地区の自治会連合会といえども自分の町内が何事もないとは言い切れないので、地域の団結なしで地域づくりを進めることは難しい状況と思っている。

○未来像

　協議会の運営は、問題点と関連するが強いリーダシップを持った人が必要である。各役員の高齢化が進み体力、気力が減退しボランティアの心が薄れてしまう。将来を展望するには、若い人を取り込むことができるかにかかってくるが、それには、根気強く町内での行事を通じて交流の場を持ち、いかに地域のつながりが大切かという事を訴え続けることが重要となってきている。

第1章　前橋市の地域づくり事典　35

健康づくり部会

誰でも気軽に楽しめるグラウンドゴルフを、春と秋の過ごしやすい季節に2回開催している。この他6km、10kmの歩け歩けの集いにより健康の増進や世代間交流を図っている。

安心安全部会

安全に安心して、いきいきと暮らせる地域づくりを目指し、地域全体で防災訓練を実施している。27年度は救急救命、炊き出し訓練を中心に実施した。
各自治会でも自主防災会で防災訓練や講習会を実施、防災意識の高揚を図っている。

福祉部会

全自治会で「ふれあい・いきいきサロン」を開催、民生児童委員を中心とした担い手が活躍している。開催は毎月1～2回、各町とも楽しめるサロンを目指し創意工夫した内容となっている。

天川地区地域づくり協議会

執筆者名　富田　弘尊ほか

面　積：1.92k㎡
人　口：10,693（平成27年12月現在）
世帯数：4,674（平成27年12月現在）
設立日：平成21年3月17日

天川地区地域づくり協議会の理念
キーワードは"ほっと²あまがわ"（ホットほっとあまがわ）
笑顔の"ホット"ラインで　人と人が信頼でつながり
"ほっと"できる安心・安全の町づくりをめざす

○地域の特徴
　前橋駅の南東部に位置し、"前橋台地"と呼ばれる高台。水害・地震などの自然災害の面では安全性の高い地域。二子山をはじめ古代から養蚕や農業の盛んな集落地。江戸期には交通の要所でもあった暮らしやすい地域で、現在8町の自治会で構成されている。

　幼稚園・保育所・小学校・中学校・高校、また県立の生涯学習センター・文書館など公共の教育施設が多い"文教地区"でもある。

　天川地区の全住民対象の①生きがい塾（生涯学習奨励員と老人会が中心の活動）②少年の日活動（青少年健全育成に関する行事開催）③市民運動会の三大事業が30年以上にわたり、8町合同の運営組織により受け継がれてきている。本地区における平成20年度からの"地域づくり"事業は、上記の3つの事業のノウハウと人脈を土台としてスタートし、成長してきている。

○部会の構成と取り組み
①**コンサート部会（地域連携部会）**：これまで天川地区で脈々と受け継がれてきている三大事業のスタッフを中心に、8町の住民の皆さんが楽しんで交流してもらえる活動を企画運営。"ほっとほっとコンサート""天川地区芸能歌謡大会"など。

②**マップ隊（地域連携部会）**：住民の皆さんに自分たちの住んでいる地域をもっと歩いてもらいたいということで"健康マップ"を作成。健康増進とともに地域をよく知ってもらうために街路樹や史跡なども掲載。その後"地域自慢の写真展"に発展。今後は"天川地区の今・昔""交通安全や防災に関するマップ作り"なども計画中。

③**あそび隊（福祉部会）**：1年を通して開催される青少年健全育成に関する行事（どんど焼き等）の中で子どもたちや若い保護者の方々と"昔遊び"を通して交流し、地域の三世代がもっと連携を深めていけたらと願う"遊ぶの大好きな"大人たちのグループ。

④**子育てひろば"ぽかぽか"（福祉部会）**：孤立しがちな子育て家庭を地域で支える拠点になればと月に1回のペースで活動中。若いお母さん同士のつながりもでき始め、今後の活動の広がりが楽しみな部会。

⑤**食育教室（健康部会）**：超高齢化社会や単身世帯の増加に伴い、"食"に関する活動も地区内で求められてきている。まずは「男性料理教室基本の"き"」からスタート。

⑥**チャイシスターズ**："チャイ"はインド式ミルクティー。チャイシスターズが研究して紅茶＆牛乳＆スパイスの天川式黄金比により作った"チャイ"は各イベントで大人気。

○問題点
　地域づくりの事業がスタートして8年目。主となるスタッフが固定化してきている。また新しいスタッフの増員が難しい。7年を通して、新規事業を含め「地域づくり協議会」として取り組んでいる

第1章　前橋市の地域づくり事典　37

活動数はかなりあるが、参加者数が伸び悩んでいる。その大きな原因として住民の皆さんへの「周知不足」があげられるだろうか。回覧、チラシ、ポスター、団体同士の口コミなど工夫を要する。

◯**未来像**

　平成26年2月の大雪による自然災害の脅威などの経験を通し、"地域づくり"の根っこは「いざという時に町の人々が団結して動ける！」ための"住民同士の連携づくり"だということを実感。具体的には町のあちこちで笑顔のあいさつが交わされることがバロメーターになるのではと思う。

コンサート部の活動

平成27年度で7回目を迎えた「ほっとほっとコンサート」。
「音楽で心ひとつに」をテーマに70年代の懐かしい曲をステージ、会場一体となり歌い、楽しいひとときになっている。

マップ隊の活動

ゆったり散歩しながら、わが町再発見を楽しむ健康マップの作成から始まり、「地域自慢の写真展」に発展した。
写真は散歩しながら、地域の風景や伝統行事、日常のさりげない事柄を写真に収めたもので素朴な写真展になっている。

あそび隊の活動

地域の伝統行事「どんど焼」が天川小学校の校庭で毎年実施されている。会場では第五中学校のボランティアが活躍、甘酒、豚汁、チャイが振る舞われ新年の交流の場となっている。
1年を通じた青少年健全育成に関する事業には、昔の遊びを通じた世代間交流を図っている。

下川淵地区地域づくり推進協議会

〈平成27年12月現在〉

執筆者名	持田みね子／根岸　輝治／茂木　實

面　積：9.16k㎡
人　口：8,837（平成27年12月現在）
世帯数：3,267（平成27年12月現在）
設立日：平成21年4月1日

下川淵地区地域づくり推進協議会の理念

「環境部会」「文化部会」「福祉部会」の3つの部会の活動により、下川淵地区住民の交流をより深め、安全で安心して暮らせる地域づくりを進める。

○地域の特徴

　下川淵地区は、前橋市の最南端に位置し、農村集落が点在する典型的な田園風景の地区であった。昭和40年代から50年代にかけてトラック団地や大型の住宅団地が造成された。その後、平成13年に地区の中央部を横断する北関東自動車道の開通、新たに住宅団地の造成や大型商業施設の開業など、「南部拠点地区」としての開発が進められており、それまでの田園地帯から住環境ならびに交通環境など、地域住民の生活環境等が著しく変化してきている。

○部会の構成と取り組み

①環境部会

　「花を知り・人を知り・町を知る。心豊かな地域づくり」をテーマに、環境や美化に興味関心を持って、住みよい町、人とひとがつながり助け合う町を目指して活動を行っている。「オープンガーデン」「花の寄せ植えコンテストと花苗販売」「クリーン作戦」「花のある町づくり事業」を実施する。

②文化部会

　地区を挙げて作った「下川淵カルタ」を大事な文化資源として、文化部会事業の中心に据え、多彩で幅広いさまざまな活動を通して、全ての住民活動の高揚を図り、心豊かなより魅力ある地域づくりを進める。「カルタの日」記念イベントとして、「カルタウオーク」「カルタ大会」「カルタアート展」を実施する。

③福祉部会

　「住みよい福祉のまちづくり」をテーマに、子育てサロンの充実、高齢者サロンおよびサロン型ピンシャン元気体操の普及・拡大を図る。

○問題点

　各部会の事業内容が、毎年同じで形骸化している。協議会の組織は、現職の自治会長が各部会に属してないこと、各種団体長が名目的に名を連ねているが、実働部隊となる団体の役員等は組織に加わっていないなど、組織の再考が必要となっている。

○未来像

　組織の再考と並行し、各部会の事業は継続していくほか、新たにテーマを掲げて、3つの部会共同で事業を進めていくことで、人の動きをはじめとした活性化を図っていく。

①環境部会

オープンガーデンと花マップ

花苗販売

②文化部会

カルタウオーク

カルタ大会

③福祉部会

子育てサロン

ふれあい・いきいきサロン

東地区地域づくり協議会

〈平成27年12月現在〉

執筆者名　竹之内孝之

面　積：6.86k㎡
人　口：31,521（平成27年12月現在）
世帯数：13,526（平成27年12月現在）
設立日：平成20年4月

東地区地域づくり協議会の理念
地域文化の特色を思い、醸成された「共助」の良さを進め、和やかで心豊かな地域性を持続し、新たな挑戦を創出したい。

○地域の特徴
　前橋市の西南部（利根川の西）に位置し、かつての田園風景が薄れ、静かな居住地域に変貌しつつある。さかのぼれば、上野国分寺の栄華の影響を受けた地域でもあり、その昔話や伝説が今日に伝えられている。近年は、他に類を見ない人口増加で3万人余と市内第二の地区となっている。
　また、当地区は高崎市と隣接しており、両市の経済的・地理的な影響を甘受してきた暮らしやすい地域でもある。近年は、新前橋駅前より高崎市倉賀野町まで、広域幹線道路が完成し、大型商業施設などの進出が著しく新たな課題の発生も予想される。

○部会の構成と取り組み
①福祉部会：(1)近年の高齢化と核家族の進行を考慮し、自宅に隠れることの無いよう「サロン」を必要な自治会に設け、運営に関して研修・学習会や交流会等を実施している。
　　(2)家庭内に子育て経験者が少なく育児などの不安が顕在化しているのを踏まえて、支援のため「子育てひろば」を開催している。参加者の増加で、場所・運営方法の再検討を余儀なくされている。
②文化部会：地域の文化の特色を知るとともに、地域の伝統・昔話・伝説やいわれなどを理解して改めて見直し、住む町や地域に愛着を思い起こせるよう「あずまかるた」を制作、現在活用と普及のための取り組みを行っている。
③防災対策委員会：近年は、国内外問わず、大規模な自然災害が発生し、遭遇した人々が今日においても苦闘を余儀なくされている。各自治会・自主防災会の個々の取り組みを尊重しつつ、地区として体制を整えるとともに、支援のため行政との連絡調整、防災施設の確認活用、災害時の連絡調整、地域の社会資源の登録活用等を包含すべく準備を進めている。

○問題点
　いずれの事業も月日を経て軌道に乗っている。しかし、活動の固定化、担い手の固定化が始まっている。研修・学習や他のグループとの体験交流など可能な取り組みをすべきか。地区の各団体や各層の働きかけで関心を醸成するなど、ポイントを把握し生かす努力が求められる。新しい事業を創出することにより自主参加の機運を高められるか。

○未来像
　当地区は、先に述べたように、自治会、各種団体や市民の共助の思いが比較的高く醸成されていると思われる。各自治会、諸団体の事業やその協力体制などから推察される。しかし、まだ多くの方々が地域活動に関わりを持った経験がないのも事実と思われる。居住する最も身近な単位である「班」：隣近所の協働と助け合いの構築が必要不可欠と思われる。あるべき姿の自治、和やかで豊かな感性に基づく諸団体などの活動と運営を東地区に合致した地域づくりにつなげたい。

第 1 章　前橋市の地域づくり事典　41

福祉部会

子育てひろばの様子。
毎月第 4 木曜日、午前10時から東公民館視聴覚室で開催している。会場にはおもちゃがあり、お子さんを近くで見ながら、お母さんお父さんの仲間づくりができる。

文化部会

「あずまかるた」を製作し、その活用と普及のための取り組みを行っている。
平成27年10月の東地区ふれあいウオーキングの中であずまかるたクイズを実施した。

防災対策委員会

東地区の安全安心体制の強化を図るために、平成27年度に設置した。平成28年1月15日には、地区内の土木業者と連携して、災害時の協力体制を構築するための、防災活動協力に関する協定の調印式を行った。

元総社地区地域づくり協議会

〈平成27年12月現在〉

執筆者名　阿部　明雄／髙津二三夫／設樂　正治／中澤　清

面　積：6.44km²
人　口：17,149（平成27年12月現在）
世帯数：8,211（平成27年12月現在）
設立日：平成21年6月19日

元総社地区地域づくり協議会の理念

『明るく、元気な元総社、住んで楽しい元総社』地域の歴史と伝統を生かしながら、子どもからお年寄りまで、なかよく元気で安心して暮らせる地域づくりを目指す。

○地域の特徴

本地区は利根川の西岸に位置し、奈良時代に上野国府がおかれ、中央部には地区名の由来となる総社神社があり、地域のシンボルとして、また地域の人たちの心のよりどころとなっている。蒼海地区土地区画整理事業の施行に伴い、上野国府や蒼海城などの遺跡確認調査が進んでおり、いにしえからの歴史を深く感じさせる活気のある地域である。

現在では、道路や橋の整備も進み、土地区画整理事業と合わせ都市基盤が整備されつつある。また、利根川を挟んで市中心部にも隣接しているため、交通利便性も高く、住宅、工場、事業所、商店等の都市機能が充実した人口の多い地域となっている。

○部会の構成と取り組み

①歴史と伝統・環境保護部会：地域の大きな財産である歴史と伝統を理解し、後世に伝えていくため、地区の歴史をより深く知ってもらうための「元総社の歴史を学ぶ公開講座」開催や、子どもからお年寄り三世代で交流しながら楽しく地区の歴史を学べる「元総社郷土かるた大会」等を実施している。

②安全安心な暮らしづくり部会：地域の住民が安心して暮らすためには、自然災害に対する備え、交通事故や犯罪を防止していくことが大切であり、そのため防災訓練の実施や青色パトロール活動、各自治会が行う交通安全や防犯の講習会に対し支援等を行い、地域住民の意識を高める活動を実施している。

③交流の場づくり部会：心豊かに生活するためには、自助努力の他、共に助け合うことが大事であり、そのため三世代で楽しく交流を行うスマイルボウリング大会の開催や、在宅高齢者のふれあいの場をより充実するための活動を実施している。

○問題点

価値観や職業の多様性から、地域とのつながりが薄れつつある。いかに地域活動への参加の理解とつながりを深めていくか。子どもからお年寄りまで、より多くの人たちの親睦と交流が図れる事業を推進していくかが課題である。

○未来像

今後も都市基盤の整備等が進み、生活の利便性が向上しますます都市化が進むと思われる。一方、人口減少社会は着実に進行している。その中で、地域の歴史と伝統や価値ある優秀な人材を生かしながら、地域づくり協議会の活動をさらに充実、推進し、絆の基盤を醸成して「明るい笑顔のあふれる元総社」を実現していく。

第1章　前橋市の地域づくり事典　43

各部会の活動の様子

＜歴史と伝統・環境保護部会＞

元総社の歴史について学ぶ公開講座（平成27年度）　　　元総社郷土かるた大会（平成26年度）

＜安全安心な暮らしづくり部会＞

防災訓練（平成27年度）　　　　　　　　　　防災訓練（平成27年度）

＜交流の場づくり部会＞

サロン活性化に向けた座談会（平成26年度）　　三世代スマイルボウリング大会（平成27年度）

桃井地区地域づくり協議会

〈平成27年12月現在〉

執筆者名	悴田　正也

面　積：1.26㎢
人　口：3,902（平成27年12月現在）
世帯数：1,940（平成27年12月現在）
設立日：平成21年9月7日

桃井地区地域づくり協議会の理念

地域における支え合いや自立性の強化を図りながら、誰もが安全に安心して暮らせる地域づくりを進める。

○地域の特徴

県庁・市役所を中心に、北はグリーンドーム、広瀬川、東は国道17号、南はJR両毛線、西は利根川により囲まれた地域（大手町一丁目、大手町二丁目、大手町三丁目、紅雲町一丁目、紅雲町二丁目、千代田町一丁目、本町一丁目で構成）。国の合同庁舎、日本銀行を含む金融ビジネス街があり、あちこちにマンションが建てられ、その間の地域は個人の住宅が並ぶ。商店街はないが、個人商店、飲食店も多く点在。前橋女子高、桃井小学校も存在。寺院、神社、キリスト教会なども目立つ。

○部会の構成と取り組み

①地域の交流をはかろう部会：主に全ての7自治会でのふれあいサロンの開催と交流。スポーツ・レクリエーション活動としてのグラウンドゴルフ大会は、大いに地域交流に役立っている。

②地域を知ろう部会：地域内の文化財、特徴ある施設・建物、文化的価値のある寺院、神社などを巡るウォークラリー大会の実施と地域の文化や歴史を知る講習会、講演会などを開催している。

③地域の安全・安心・健康を目指そう部会：主に講演会、講習会などを通して、詐欺被害防止・自転車の安全運転、身近な病気への対応など、基本的知識の習得に当たっている。

○問題点

地域住民の高齢化などにより、行事等への参加者が減少している。交流機会の場の設定が困難となってきている。

○未来像

①行事の精選を考えて、地域の人々の交流と活発化を求める。

②地域の姿についてよく理解を深める。

③より一層の健康寿命の向上、安心で暮らせることへの対応。

第1章　前橋市の地域づくり事典　45

地域の交流をはかろう部会の活動状況

第6回グラウンドゴルフ大会の模様。
各町から15チーム、90人が参加。最高齢者83歳から最年少は小学校1年生まで世代間の交流も図られている。

地域を知ろう部会の活動状況

第6回ウォークラリー大会の模様。
桃井小学校を出発・到着地点として3人1組で、地図を見ながらチェックポイントを巡る。設問に答えて加算されるなど、時間だけを競うものではないところが面白い。

地域の安全・安心・健康を目指そう部会の活動状況

詐欺被害防止講座の模様。
今回は、ますます増え続ける詐欺被害にあわないよう、前橋中央交番の所長さんに講師をお願いして講座を実施した。

中央地区地域づくり協議会

〈平成27年12月現在〉

執筆者名　渡邉　将弘

面　積：0.80k㎡
人　口：3,819（平成27年12月現在）
世帯数：2,037（平成27年12月現在）
設立日：平成21年9月3日

中央地区地域づくり協議会の理念
地域特性を活かし、現在進行形で進む少子高齢化などの中心市街地問題に対して、地域主体で住民へ居心地のよい町づくりのきっかけを創造する。

○地域の特徴
　本地区は、前橋市の中心市街地が地区内にあり、千代田町二丁目、千代田町三丁目、千代田町四丁目、千代田町五丁目、本町二丁目、表町一丁目、表町二丁目の7ヵ町で組織されている。前橋市の文化の中心であり、文化（お西様、ゑびす講、前橋まつり、七夕まつり等各種祭り等）・歴史（萩原朔太郎、老舗店舗、戦災復興、往時の前橋の活況を示す中心商店街）・施設（商店街、前橋プラザ元気21、アーツ前橋、文学館等）・自然（ケヤキ並木、広瀬川河畔緑地等）に恵まれた大変住みやすい地区である。そのため、地区内での行事も盛んで、各町内の連携を図って地域づくりを行っている。

○部会の構成と取り組み
①健康づくり部会：テーマは「歩いて発見！！わたしのまち、わたしの健康」
　本地区にある多くの歴史・文化・施設・自然等について健康を意識して、町内間の交流を行いながらウォーキング大会を実施している。中心市街地の利便性や歩道などの安全性もよく、中央前橋駅を利用した内容も実施している。また、地区内にあるリハビリ等を専門に学ぶ「群馬医療福祉大学」と連携した事業も展開中である。

②ふれあい・いきいきサロン部会：テーマは「助け合い　支えあい　ふれあい・いきいき　地域力再発見」
　本地区に、高齢化率が50％になる町内もあり、高齢者のふれあいや活躍の場をしっかり構築することが急務であるため、地域として、各町内でのサロン立ち上げをバックアップし、連携していくことを目的に活動している。不定期であるが、地区での研修会や多様な会合で情報交換を行い、全町でサロンを立ち上げることができ継続している。

③世代間交流部会：テーマは「子どもからお年寄りまで　みんなの魅力みんなで再発見」
　本地区の自慢の施設「前橋プラザ元気21」を地域の人たちが身近に感じ、活用していかなくてはもったいないとの声があがり、中心市街地という地域特性を生かし、多くの職種・商売人の多種多様な特技や趣味をもっている人の発表の場と、少子高齢化も進み、増え続ける核家族化に対応した交流事業が必要と考え、「中央地区元気フェスティバル」を開催している。

○問題点
　自治会活動に関わる人の固定化と高齢化による将来への継続性や維持していくことへの不安。中心市街地が地区内にあり、多くの行事が年間を通じ行われているため、自由で新たな発想の活動を行う日程が取れない。せっかく若い世代が集まってきているが自治会ベースの交流が持てていない。

○未来像
　シンプルに、地域特性を生かすことにより、生活しやすい環境が整っている本地域に多くの住民が集い、活気あふれる町が形成されること。また、生活のほか生きがいが見いだせる町になること。

第1章　前橋市の地域づくり事典　47

健康づくり部会の活動写真

第7回ウォーキング大会の模様。「歩いて発見！！わたしのまち、わたしの健康」をテーマに今年1回目は、地域の「広瀬川詩の道」をメインコースとして実施した。

世代間交流部会の活動写真

世代間交流部会主催の第7回元気フェスティバル」の模様。これは、「子どもからお年寄りまで みんなの魅力みんなで再発見」をテーマに、地区にあるコア施設「前橋プラザ元気21」を活用して行う。地域の方々による多様な発表が行われる。

ふれあい・いきいきサロン部会の活動写真

本町二丁目のサロン風景。「ホワイトデーに贈る愛のネックレスづくり」の模様。作り手それぞれの感性で、世界で1つだけのネックレスを作成した。各町いろいろと趣向を凝らし、毎回楽しいサロンづくりを実施している。

永明地区地域づくり協議会

〈平成27年12月現在〉

執筆者名　深谷　茂

面　積　10.27㎢
人　口　22,195（平成27年12月現在）
世帯数　9,429（平成27年12月現在）
設立日：平成21年10月26日

永明地区地域づくり協議会の理念

「健康で心をつなぐまちづくり」をテーマに、地域における支え合いや自主・自立性の強化を図りながら、誰もが安全に安心して暮らせる地域づくりを進める。

◯地域の特徴

当地区は13自治会で構成され、地区のほぼ中央を東西に国道50号線が、南部地域を横断するようにJR両毛線が走っている。地区南部には長い歴史をもつ市街化区域で前橋最大の駒形町があるが、全体的には農村地域が広がり、そこに市街化、住宅地化が進み、混在社会を呈しながら目下進行している。また、JR駒形駅の周辺に林立している学校群がにぎやかさを増幅しており、その近接に計画されているサッカー場建設も活性化の引き金になると思われる。

従来からの住民感情は、温厚篤実で資性穏やかな雰囲気を持ち、望ましい人間関係構築の礎を成している。

◯部会の構成と取り組み

①総務広報部会：当部会は、地域づくり全般にわたる案件の企画・立案をはじめ啓発活動に主眼をおき、本会の事業活動に係る広報紙発行や、活動テーマを記した「のぼり旗」を各町の主要な所へ立てていただくなど「地域づくり」を幅広く浸透させることに努めている。

②安心安全部会：当部会では、本会設立時に「安全安心」標語を募集し、選定された標語をステッカー式にして全家庭に配付した。その後、年次的に児童生徒の登下校時の安全確保を願い地区内3小学校区内の通学路安全マップを作成し、各学校・公共の場をはじめ対象家庭に配布したほか、避難所や防災情報を掲載した防災マップを作成、全世帯に配布し、各々の安全安心を確立確保することに努めている。また、永明公民館北側に設置された「災害用LPガスバルク供給システム」を災害発生時に生かすべく、大きな行事に併せて炊出し訓練を実施し、多くの方に体験いただくことで万一に備えている。

③世代間交流部会：当部会では、とかく偏りがちな諸行事が多い中で、幅広い年齢構成で参加する行事を開催して交流の場を提供している。従来グラウンドゴルフ大会を実施したが、子どもが求めるボウリング大会に替えて、親子交流の機会も提供している。

④健康づくり部会：当部会は、人間の基本は元気はつらつの日常生活であることを念頭において、永明地区をおおむね4ブロックに分けて、毎年1ブロックを目安に歴史や文化を学習しながらのウォーキング大会を開催している。ゴール後に「完歩証」を記念に渡すほか、「まえばしtonton汁」やおむすびの軽食で参加者同士の交流会としていただいている。

また、市の保健師による「いきいき健康教室」と体組成測定などを合わせて「健康づくり講座」を開催するなど、健康の維持増進を図る事業を進めている。

◯問題点

地域づくりの目標である住民意識の高揚を図るため、諸行事を実施しながら地域内波及効果を求めているが時間が必要。諸行事が一過性では効果が薄く、継続し続けることが大切。多くの行事参加者

を求めたいが、諸行事が多い昨今では日程調整に手がかかる。

○未来像

　「住んでよかったこの地域」を全住民が実感できるような地域こそ私たちの求める未来像だと思う。絆づくりも支え合いも、思いやりもおもてなしも、人間社会では大切なことであり、地域の雰囲気づくりは、個々で構成されている家庭を望ましい姿に育て上げることが肝要と思われる。「向こう三軒両隣」は古い言葉だが、近所の信頼関係を築くことが大切だと思われる。

＝永明地区地域づくり協議会各部会の活動および成果物＝

総務広報部会：啓発のぼり旗

世代間交流部会の活動

世代間・地域間交流ボウリング大会

安心安全部会の活動・成果物

永明地区防災マップ

災害対応型LPガスバルクシステムを利用した炊き出し・防災訓練

健康づくり部会の活動

永明の歴史を知る健康ウォーキング大会

健康づくり講座

城南地区地域づくり協議会

〈平成27年12月現在〉

執筆者名　松村　長治

面　　積：31.99㎢
人　　口：18,862（平成27年12月現在）
世帯数：7,006（平成27年12月現在）
設立日：平成23年7月26日

城南地区地域づくり協議会の理念

自然環境や文化財・伝統芸能を愛し、住民の支え合いと自主・自立性の強化を図りながら、誰もが楽しく、安全に安心して暮らせる地域づくりを進める。

○地域の特徴

　前橋市の東部に位置し、比較的平坦な地形で雄大な赤城山の裾野の南側に広がり、約32㎢の地域面積は市内で3番目の広さを有する地域である。

　地区内には、桃ノ木川や荒砥川などの河川と、季節ごとに変わる田園風景や小高い林の緑など恵まれた自然の中に、大室公園内にある国指定史跡の前・中・後二子古墳をはじめ多くの文化財が存在している。近年、北関東自動車道や上武道路など交通の利便性が向上し、工業団地等の建設とともに住環境の整備が進んでいる。

○部会の構成と取り組み

①**自然環境部会**：「みんなで守ろう荒砥川」をスローガンに、河川の除草や環境調査を行い、あわせて荒砥川をテーマに小学生の絵画コンクールを実施。
　また、環境に係る研修等を行い自然環境に関する意識の高揚を図っている。

②**文化財部会**：「歴史ある文化財の活用と継承」を展望し、城南地域の文化財を105件にまとめ、文化財マップおよびDVD「城南地区文化財めぐり」を作成した。このマップとDVDを活用し、自分の住む身近なところの文化財を知り郷土愛・誇りをもてる地域づくりを目指し活動している。

③**地域福祉部会**：「人にやさしい地域づくり」をテーマに、主として高齢社会への対応として相互扶助の意識を高め、地域の絆づくりと高齢者の生きがい作りに努める。このため、おじいちゃんやおばあちゃんの知恵を生かした三世代にわたる交流会やサロン運営のバージョンアップ、また各種福祉施策の学習会などに取り組んでいる。

④**安全・安心対策部会**：「高齢者の生活環境を考える」に視点をあて、買い物不便地域の解消を目指し移動販売車による販売の支援を行っている。また、地区内の移動の利便性の向上を図るための交通体系の調査、ならびに講演会や映画鑑賞会の開催などにより住民相互の交流と心のつながりを深めている。

○問題点

　設立から5年目を迎え、各部会の活動は継続と一層の充実を目指すこと、また活動の広がりによる世代を超えた地域づくりに携わる人材の確保が求められている。今後の活動が広く地区住民に受け入れられ、気軽に取り組める参加型の事業活動への展開が求められている。

○未来像

　地区内の16町の自治会と各部会とでさらに相互協力を築き、地域住民の世代を超えた自主的な活動により、自然環境を保ち文化財への関心を高めるとともに、住民の福祉と安全な生活環境の向上を目指し、より発展的な取り組みを行いたい。

○自然環境部会

荒砥川草刈り

荒砥川絵画コンクール入賞作品

○文化財部会

城南地区文化財めぐりDVD

各町文化財めぐり

○地域福祉部会

福祉のつどい（上手な相続を学ぶ）

三世代交流会（ミニ門松つくり）

○安全・安心対策部会

移動販売・フレッシー便

先進地視察（安曇野市デマンド交通）

富士見地区地域づくり協議会

〈平成27年12月現在〉

執筆者名　小川　浩

面　積：70.40㎢
人　口：23,169（平成27年12月現在）
世帯数：8,452（平成27年12月現在）
設立日：平成23年5月16日

富士見地区地域づくり協議会の理念

地域の特色を生かし、地域にできること、地域に必要なことを具体的に検討しながら、誰もが安全に安心して暮らせる地域づくりを進めること。

◯地域の特徴

前橋市の北部に位置し、赤城山とその裾野に広がるなだらかな地域である。観光を中心とする赤城山、酪農や米・野菜作り中心の農村地域、そして商業や住宅地域の二つの地域、それらが混在している。

最近、都市近郊通勤圏として新興住宅地も増えてきており、それぞれの生活環境の中で地域行事、歴史伝統文化を大切にしている。

◯部会の構成と取り組み

①歴史伝統部会

伝統行事・地域活動の活性化をテーマに掲げ活動し、特に「富士見かるた」と富士見かるたを生かした地域の活性化と交流を目指して活動を展開している。

具体的には、平成23年度に「富士見かるた」を再刊するとともに、富士見かるた巡り案内看板の改修や設置場所の環境整備（清掃・草刈り等）を実施している。平成27年度にかるた巡りのガイドマップを作成したため、このマップの利用を通じて地域の歴史、伝統文化の存在を知ってもらいたいと考えている。

②ふれあい交流部会

地域づくりと思われる活動をしている人たちを束ね、一緒に、地域づくりのまとまりをつくっていきたい。現在、地域の交流と地域の災害防災減災（自助・共助）の啓蒙を目的として、毎年防災講演会を開催している。

③自然環境部会

遊休農地に花の種を蒔き、花を咲かせ地域との交流を図っている。地域のお年寄りや子どもたちと一緒に種蒔きを行い、開花時に地元の人たちと観賞会を開催して懇親を深めている。今後も、地域の環境整備と景観形成継承の活動を継続していく。

◯問題点

三部会ともに、地域住民に関わる大事なテーマである。しかしながら、地域づくりに関心が薄い人たちが多いために人が集まらないのが現状である。特に若者にその傾向がある。行事を企画し、実施しているが人集めはどの地域でも一番の苦労である。

◯未来像

前橋市との合併により、今までの各地区での行事・慣習と地域の生活環境が変わり始めている。その中で、伝統行事・歴史文化、赤城山の美しい自然を守り、地域の人々との交流スペースを提供しながら、誰もが安心して参加できる環境を形成することが地域づくり協議会に求められている。

地域づくりの活動を通じて、もっともっと地域づくりに関心を持ってもらい、誰もが自ら参加するよう、今以上に広報活動等を利用し、啓蒙活動の推進をしていきたい。

富士見地区地域づくり協議会

会　　長	小川　　浩
副会長	金子　敏男
歴史伝統部会	山本　洋二
ふれあい交流部会	船津　保平
自然環境部会	周東　聖子

① 歴史伝統部会

富士見かるた巡り案内看板

富士見子どもかるた大会

② ふれあい交流部会

防災講演会

防災講演会　地震体験車

③ 自然環境部会

花の種蒔き

観賞会と花摘み

敷島地区地域づくり協議会

〈平成27年12月現在〉

執筆者名　田中　政孝

面　　積：1.08㎢
人　　口：5,648（平成27年12月現在）
世帯数：2,731（平成27年12月現在）
設立日：平成25年6月15日

敷島地区地域づくり協議会の理念

先人のたゆまぬ努力で創り上げた文化を大切にし、伝え、残していく。地域を豊かにし、住民の暮らしを豊かにする活動を展開する。

◯地域の特徴

　明治25年の前橋市制施行からの地区。製糸業に関係する製糸場等が数多くあり、日本で最初の器械製糸場が設置され、前橋発展の基礎を作ってきた地区であり、現存する旧安田銀行担保倉庫（住吉町二丁目）は当時の隆盛をしのばせる施設。歴史的にも明治から柳座等の舞台小屋が存在し、文化人が数多く集まった場所。交通利便な地区。少子高齢化が顕著。群馬大学病院、短大、小学・中学校などが地区内にある。広瀬川は萩原朔太郎も詠っている前橋を代表する景観の一つに数えられる。地区活動が活発に行われている。

◯部会の構成と取り組み

　①スポーツ活動部会：子どもからお年寄りまで参加し、三世代交流ができるスポーツ・軽スポーツの大会開催。地区内の史跡や遺跡を調べ、ウオーキングを行う。
　②文化活動部会：グループや団体による身体的表現の舞台発表。個人の創作活動を展示する文化祭。地区の豊かな文化・誇れる生糸を育んできた地区の歴史や文化を振り返る機会とする。「県都前橋生糸の町」歴史展の開催。
　③福祉活動部会：ふれあいサロンの全町の立ち上げ。買い物調査と報告会。調査から買い物で困っている人からの聞き取り活動の実施。
　　　福祉活動をテーマに今後の地域づくりをみんなで考えていく機会としていく。
　④研修視察部会：地域づくりに関わる人同士の交流と親睦。
　　　歴史的建造物、地域づくり先進地などを視察し、地区でできることをみんなで考えていく。

◯問題点

　少子高齢化が顕著。核家族化が進む。区画整理が済んでいないため各町の道幅が狭い。公園が少ない。
　担い手育成のための研修視察、先進地視察の成果を蓄積し、活動に生かしていく。行政、大学、NPO、関係団体などとの協働を進め、活力ある地域づくりを持続していく。

◯未来像

　地域特性（地域ブランド）の共有化を図り、伝統・文化の継承をしていく。
　活動の中から生まれた教育、文化、スポーツ、福祉、商業等に関わる機関・団体との連携、協力を図るとともに地域づくり協議会組織の一元化を計画的に進める。人と人とのつながりを大切にし、人に優しい地域づくりを創造する。

第1章　前橋市の地域づくり事典　55

スポーツ部会の活動写真

第1回　史跡巡りウォークラリーの会の様子。
　各町が調べた史跡や建造物をもとにコースを作成した。
　今回は「県都前橋生糸の町」歴史展との連携を図り、生糸にまつわる文化財などを巡った。

文化活動部会の活動写真

　敷島地区はかつて生糸の生産量や製糸工場が数多く、製糸業の隆盛が市の発展に寄与してきた。
　今回、豊かな文化、誇れる生糸を育んだ敷島地区の文化や歴史を振り返る機会とするため「県都前橋生糸の町」歴史展を開催した。

福祉活動部会の活動写真

　敷島地区では、新たにふれあいサロンを立ち上げた町からの報告会。
　さらに、買い物調査を実施した結果、買い物に困っている人の様子が見えてきた。
　そこで、研修会を開催し、これからの地域づくりをみんなで考えていく機会とした。

岩神地区地域づくり協議会

〈平成27年12月現在〉

執筆者名　上野　厲治

面　積：1.94㎢
人　口：5,121（平成27年12月現在）
世帯数：2,317（平成27年12月現在）
設立日：平成25年6月15日

岩神地区地域づくり協議会の理念

先人のたゆまぬ努力で創り育てた文化を大切にし、伝え、残していく。日々の暮らしを豊かにする活動を進める。

◯地域の特徴

　明治25年の前橋市制施行からの地区。江戸時代から利根川の氾濫で影響を受けた。前橋藩で立ち上げた日本で最初の器械製糸場があった。多くの製糸場が立ち並び前橋の製糸業の近代化と発展に貢献してきた。

　現在、敷島公園、敷島球場、バラ園、市蚕糸記念館、市萩原朔太郎記念館など各種の施設を有し、文化・スポーツの中心的な地区。地区内の少子高齢化が進んできている。地区行事は団体相互の連携で活発に行われている。

◯部会の構成と取り組み

①グラウンドゴルフ部会：三世代交流を積極的に進めていくため、グラウンドゴルフを通して、子どもから高齢者まで日常的に交流できる仕組みづくりに取り組む。

②いきいきサロン部会：いきいきサロンの活性化を図り、地域の住民同士の交流と触れ合いを深める。福祉活動への理解を深め、担い手養成のための研修会を継続して開催する。
　子育て世代の支援では「子育てサロン」を開催している。

③文化祭開催部会：文化を幅広くとらえ、身体的表現から創作活動、さらに地区の史跡や建造物の紹介、伝承活動などの発表と展示を進める。

◯問題点

・地域づくりは人づくりと言われるように、研修会等を通して人を得るための取り組みを実施している。

・地域の暮らしを豊かにするための日頃からの地域課題の掘り起こし、課題解決のための活動を通して賛同者を増やし、担い手を育成していく。そのために行政やNPOとの協働を進めるとともに先進事例や先進地から学んでいくための基盤づくりをしていくことが必要になっている。

◯未来像

・地域の魅力の再発見に努めながら、地域特性（地域ブランド）の共有化を図り、住んで良かった住みたい町づくりに継続して取り組んでいく。

・地区内の行政機関、関係団体、NPOなどとの連携・協力を進めていく。

・地区内の教育、福祉、文化、スポーツなどの活動を推進する団体との連携を深め、組織の一元化により効率的な地域づくりを進める。

第1章　前橋市の地域づくり事典　57

グラウンドゴルフ部会の活動写真

　子どもからお年寄りまで参加し、三世代交流ができるグラウンドゴルフ大会を開催する。
　初めて参加する子どもにスティックの持ち方、ボールの打ち方などを教える和気あいあいの光景が見られた。

いきいきサロン部会の活動写真

　魅力的ないきいきサロン運営を行う工夫をしながら活性化を図っている。担い手を養成するための研修会を開催している。
　研修会では大人から子どもまでみんなで楽しめるレクリエーションの実技について学んだ。

文化祭開催部会の活動写真

　第3回　～みんなで楽しむ～
文化祭の様子。今回は第3コミュニティセンターを利用し、活動しているコーラスサークル、アコーディオンサークルや地元中学校と連携し舞台発表を行った。
　また、岩神地区再発見として地区の史跡や伝承などを調査し、講演会を開催した。

中川地区地域づくり協議会

〈平成27年12月現在〉

執筆者名　青木　正

面　積：1.04㎢
人　口：4,939（平成27年12月現在）
世帯数：2,327（平成27年12月現在）
設立日：平成27年8月2日

中川地区地域づくり協議会の理念
誰もが安全に安心して暮らすことができるコミュニティーづくり

○地域の特徴
　中心市街地に隣接する本地区は、中心市街地の生活基盤を補完する地区として、文化・医療・商業等の機能を担ってきた。先の中核市への移行の際には、保健センターを増改築して、保健所が新たに整備された。また、生活基盤整備としては、二中地区土地区画整理事業が昭和62年度から事業化され、現在施行中である。

○部会の構成と取り組み
　①文化部会：「中川かるた」を中心に、文化的、歴史的財産を探り、地域の文化財・歴史などを子どもたちに伝えていく。
　②安全安心部会：前橋市総合防災マップをベースに、危機管理室の指導を得ながら、各町内に自主防災会を立ち上げて、災害に備えていく。
　③世代間交流部会：地域に根づいた文化祭などを通じて、世代間交流の場を増やして、推進していく。また、リタイヤした方を講師に招き、子どもから大人まで幅広い世代の勉強会を催し、交流を深めていく。
　④健康づくり部会：町内あるいは各地区ですでに実施している行事の中で、食育・健康をテーマに中川地区の連携を図っていく。

○問題点
　今年度、協議会が発足となり、これから事業化に向けた取り組みが本格化する。4つの部会を立ち上げたが、部会によっては町内間で温度差もある。まずは、事業に対する関心を高めて、多くの住民が参加できるような体制づくりが必要である。

○未来像
　各町内の活動は高齢者の主導によることが硬直化している。中川地区では、古くから根づいてきた文化、長く受け継がれてきた行事、新たな取り組みなどを媒体として、幅広く次世代を担ってもらう人たちとの世代間の交流を図り、コミュニティーの形成を培っていくものとする。

○中川地区地域づくり協議会設立総会 （平成27年8月2日）

総会全景

前橋マンドリンクラブによる演奏

○平成27年度の各部会の活動

◇世代間交流部会（文化祭と協賛事業として実施）

かるた大会

輪投げ大会

◇健康づくり部会（文化祭と協賛事業としてけんちん汁を提供）

会食風景1

会食風景2

◇文化部会　中川地区内の史跡巡り散歩を、地区内住民に呼びかけ、平成28年2月に実施
◇安全安心部会　各町内の自主防災計画の整備・推進

第2章　アンケート調査でみる住民の地域への認識と愛着

　まちづくり・地域づくりということばは、行政主導によるトップダウン式の都市計画によるものではなく、ボトムアップ式に住民らが自発的に参画・参加して行う活動に対して用いられている。しかしながら、もちろん全ての住民が自発的に地域に関心を持ち地域の課題を共有しているわけではない。

　序章でも述べたように、現代社会は地域に関わらなくても不便なく生活できてしまう側面がある。地域にはまったく関心がなく、関わる必要がないと思う人々もいれば、地域に無関心なわけではないが日頃の忙しさで関われない人もおり、また、関わりたい気持ちはあるが、新住民で知り合いがおらず関われないという人もいるかもしれない。

　そうした地域に対して様々な認識・関わりを持つ人々がいる状況のなかで、自発的に参加できる人々を集めて地域づくり活動をしていくことはかならずしも容易なことではない。地域（地区）に住んでいる人々は、地域（地区）へどれくらいの関心を持っているのだろうか。地域（地区）の人々は、地域（地区）に対してどのようなことを求めているのだろうか等について基本的なことがらを把握しながら今後の方向を探る際に参考とするため、前橋市の全地区の住民を対象に、地域への認識や愛着について2015年度にアンケート調査を行った。調査の結果は、呉・奥田・大森（2016）にまとめられているが、本書においてはその中からいくつか要点だけ紹介する。

　本調査では、場所愛着のなかでも個々人が抱く特定の一つの場所というより、前橋市の範囲の中で自分が居住している「地区」「生活圏」を想定し、地域認識と地域への愛着について調べた。

　調査に用いた地域への愛着の質問項目は、居住地域について研究を

行った鈴木・藤井（2008）の質問項目、引地・青木・大渕（2009）の質問項目を用いている。

調査時期・質問項目

　前橋市の24地区の住民に対して，2015年12月から2016年1月に渡って、切手を貼った返信用封筒を入れたアンケート用紙を、前橋市地域づくり連絡会議，前橋市市民部生活課地域づくり係，前橋市若者会の協力を得て，各地区の住民の方へ約1300部を配布した（質問紙調査結果についてより詳しく知りたい場合は、共愛学園前橋国際大学COC研究チームの報告書としてまとめた「前橋市地域づくり事典（呉・奥田・大森, 2016）」を参照）。

　回答して投函してくれた協力住民は，前橋市の710人（男性428人，女性226人，不明16人）であった．質問の構成は、1) 居住地区、2) 地区での活動、3) 参加したことのある地区の行事、4) 地区の良い点、5) 地区の良くない点、6) 地区の生活環境、7) イベントのニーズ、8) 行政への期待、9) 地域愛着に関する項目1（鈴木・藤井，2008）、10) 地域愛着に関する項目2（引地ら，2009）、11) 地域と食材に関する項目、12) 地域の情報、13) 市の良い点、14) 市の問題点、15) 未来の前橋市のイメージ、16) 地域でのやってみたい、17) フェイスシート項目などであった．

回答した住民は地域に関心を持っている人々

　回収された質問紙を集計をしてみると、協力住民らの属性は以下の通りであった（図2-1、図2-2、図2-3参照）。①男性が約6割を占める。②回答者は60代182人で最も多く、70代147人、順に40代が111人、50代が106人、30代が48人、80代が31人、20代27人、90代2人、10代1人であった。

③前橋市への居住歴は40年以上で420人、一番短い5年以下は22人であった。④配偶者と2人で暮らし，持ち家に住んでおり，正規の職に就き，自家用車で移動している人が多い。⑤地域への関心と関わりの程度に関しては、興味もなく関わりもない非関わり型の回答が89人（12.99％）、何らかの形で関わっている回答者が596人（87.01％）で、その中で特に役職をもっており地域の活動もしている回答者が338人（49.34％）で回答者の約半数を占めていた。

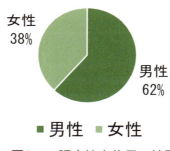

図2-1　調査協力住民の性別

図2-2　調査協力住民の年齢構成

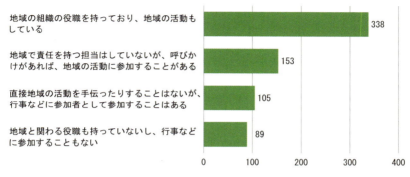

図2-3　地区での活動の程度

　そうした意味では，市民の全体を代表したサンプルというよりも，年齢や居住歴からも，前橋市という地域に精通した人々のサンプルであり、いわゆる転勤族と呼ばれる人々や居住歴が短い層はあまり含まれてないと言えよう。従って、次に示す内容は、住民の全体・平均というよりは、比較的地域に関心を持っている人々の意見としてみる必要がある。

地区の生活環境への認識

　地区の生活環境としては，協力住民らは、コンビニ、田んぼや畑、公民館、公園、スーパーマーケットなどは「十分にあると思う」と感じており、逆に観光地、商店街、古くからある街並み、鉄道の駅、ゲームセンターやパチンコ店などについては自らが暮らす地区の環境の中には「まったくないと思う」と感じている場合が多かった．

　また、「全くないと思う」と感じている上位5つ以外にも、ファミリーレストラン、森や林、大型ショッピングセンターなどにおいても、「十分にあると思う」と感じている協力者らは20％以下であり、協力者らにとって、地区の生活環境はさまざまな環境が十分にあるとは感じてはいないことが明らかとなった。

居住歴・年齢・地域への関わりと愛着の関連

　鈴木・藤井（2008）や引地・青木・大渕（2009）が行った通り、地域愛着に関する7因子の得点を算出し、年齢、居住歴、地区等の関連を検討してみた。愛着に関連する7因子は表2-1に示した。

表2-1　地域への愛着をみるための7因子

---

① 「風土接触度：自然や地域の人々とのふれあいがどれくらいか」

② 「地域選好：その地域をどれくらい気に入っているか」

③ 「地域愛着：その地域にどれくらい愛着があるか」

④ 「地域持続願望：地域がいまのままあってほしいか」

⑤ 「物理的環境評価：シンボルや施設など物理的環境がどれくらいか」

⑥ 「社会的環境評価：交流や治安といった社会的環境がどれくらいか」

⑦ 「地域への愛着：地域に対してどのくらい当事者感があるか」

　誌面関係上、統計の詳細は出せないが、市の全体的傾向として言えることは次の通りである。

　1）年齢が高いほど、7つの因子全てにおいて得点が高かった。

　2）居住歴が長いほど、7つ因子全てにおいて得点が高かった。

　3）年齢や居住歴に関係なく、物理的評価が7つの因子の中でもっとも低かった。細かい個別項目としては、特に「この地域の名産品は、ほかの地域の人に勧められる」「この地域の街並みから歴史が感じられる」等の項目が5点満点中3点以下で低かった。

　4）地域・地区での活動や関わりが多いほど、7つ因子全てにおいて得点が高かった。

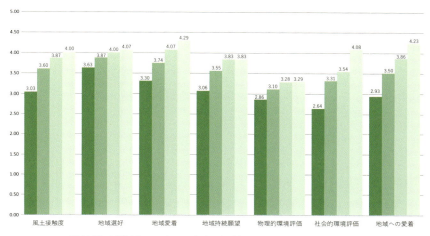

図2-4 地域での活動度による地域愛着各因子の得点

　地域への関わりの程度は図2-3で示したように、次の4つに区分した。①「地域と関わる役職も持ってないし，行事等に参加することもない」89人（12.99％）、②「直接地域の活動を手伝ったりすることはないが、行事などに参加者として参加することはある」105名（15.33％）、③「地域で責任を持つ担当はしていないが、呼びかけがあれば、地域の活動に参加することがある」153名（22.34％）、④「地域の組織の役職を持っており、地域の活動もかなりしている」338名（49.34％）である。

　つまり、「地域と関わる役職も持ってないし，行事等に参加することもない」という非参加型住民に比べ、「地域の組織の役職を持っており、地域の活動もかなりしている」という積極的参加型住民の方が地域の風土への接触量も多く、地域に愛着を持っていて、地域での当事者意識が強いと捉えられる（図2-4参照）。

地区ごとの違い・特徴

　愛着関連の質問項目では、「地区」ではなく「地域」ということばを使い質問した。協力者たちがそれぞれの地区を含む生活圏をイメージして答えたと思うが、地区ごとの回答の違いを見てみる。以下に、7つの各因子の得点5点満点中4点以上が見られた地区を中心に示す。

　1）風土接触度（自然や地域の人々とふれあいがどれくらいか）：清里地区、宮城地区、下川淵地区、芳賀地区、富士見地区、粕川、城南地区。

　2）地域選好（その地域をどのくらい気に入っているか）：南部地区、下川淵地区、総社地区、宮城地区、天川地区、南橘地区、桃井地区、清里地区、東地区、岩上地区。

　3）地域愛着（その地域にどのくらいに愛着があるか）：南部地区、下川淵地区、清里地区、東地区、宮城地区、天川地区、岩上地区、桃井地区、総社地区、城東地区、大胡地区、城南地区、敷島地区、南橘地区

　4）地域持続願望（地域がいまのままであってほしいか）：粕川地区、総社地区、宮城地区、桃井地区。

　5）物理的環境評価（シンボルや施設などの物理的環境がどのくらいあるか）：全ての地区が4点以下で低かったが、その中で桃井地区と総社地区が3.69で相対的に高い方で、他の地区は全て3.5以下であった。

　6）社会的環境評価（交流や治安といった社会的環境がどれくらいあるか）：清里地区のみが4点以上でもっとも高く、その次、天川地区、下川淵地区が3.8点台で、他の地区は全部それ以下で、ほとんどの地区で交流が不足していると認識している。

　7）地域への愛着（地域に対してどれくらい愛着を持っていて当事者

感があるか）：4点以上は、下川淵地区、南部地区、総社地区、東地区のみで、続いて3.9点台が天川地区、岩神地区、大胡地区、清里地区、敷島地区、宮城地区であった。

愛着の持てる地域づくり活動への示唆

　地域への愛着と関連したさまざまな研究から、地域についての知識がある方（園田他, 2002）が、歴史的な雰囲気が感じられる場所や風景を持っている方（鈴木他, 2008）が、長く住んでいる人の方（引地他, 2009）が、また、地域の人々との交流があり人々へ安心感を持っている方（引地, 2008）が、その地域への愛着が強いことが示されている。

　地域の風土（人やものも含む）へたくさん関わる場合は、1年程度の比較的短時間の経過でも地域が好きになる（地域選好）変化を導く（鈴木他, 2008）。しかし、地域に対して深い願いを抱き地域の持続の願望が現れるのには、1年間の時間経過では不十分であるとした。また、当該地域の歴史や伝統を重視する資源がある方が地域への愛着が生じやすい（鈴木他, 2008）。引地他（2009）は、景観や歴史的風景、施設など物理的環境に対する評価に比べ、住民との交流、イベント、人柄、治安など社会的環境に対する評価が地域に対する愛着を持つことに、より大きい影響を及ぼすことを明らかにした。

　そうした観点から1章の地区ごとの活動を見ると、各地区もすでにこうした社会的環境評価につながる意義ある活動をたくさん行っていると考えられる。

第3章 住民講師の語りから生み出された地域づくりへの視点

　近年、地方創生という流れのなかで、地域における産学連携や地学連携という言葉が登場するようになり、特に、文部科学省の「地（知）の拠点整備事業（COC）」に採択された大学においては大学と地域の新しい関係づくりを探っている。このような流れの中で筆者も前橋市の居住地区を中心に行われている地域づくり活動と大学生たちの学び活動間の交流を、初歩的なレベルではあるが、少しずつ交流を試みている。

　本章では、前橋の各地区を中心に地域づくり活動を行っている住民の方々を大学の授業「環境心理学」の講義に招待し、住民講師になっていただくなかでみえてきた点をまとめた（呉, 2018も参照）。

地域住民が大学講師に

　地域づくり活動の現場や関係者の会議の場へ入ることによっても、さまざまな交流や学びが得られるが、住民側が体験に基づいて大学で講義を行うこともまた別の意味がある。例えばそれは住民にとっては、日ごろ没頭している活動のなかから抜け出した状態で、活動全体を振り返り住民の視点で自然に要点がまとめられていき、抽象化することによって共同で知識を作り出しやすい点である。また、学生にとっては、地域住民当事者からの生きた体験を聞くことによって、分かりやすさや実感が伴う学びとなる点である。

鈴木正知氏
上川淵地区　前橋地域づくり連絡会委員長
・人づくりとは「何かをやりたい人」と「その活動が必要とする場」をつなげること」です〜
・自分が連絡会の委員長をしていて、皆さん何が問題ですかと聞くと、若い人がこねーと言うんです。それは関わってこないんじゃなくて、関わる組織をつくってねって・・・若い人たちが集まってくる若者会議を組織したんですね〜。

第3章　住民講師の語りから生み出された地域づくりへの視点　69

真下靖氏
桂萱地区

・自分が楽しめないと続けられないですから、自分をどう楽しませるか、それも重要です〜
・毎年毎年同じことの繰り返しではやっぱり飽きてきますに、誰に何をしようかって言う部分で・・・

大崎博之氏
みやぎ地区

・できることからやってみるという気持ちが一番大事かな〜
・自分が地域のなかで育てられ、今度は自分が地域へ恩返しですかね。地域づくりは結局人づくりかなと思います〜

薫若葉氏
NPO法人前橋農学舎

・子どもを育てていくことは学校や家庭ももちろんですが、地域も子どもを育てる一つの場だと思います。
・食材などを通して本物を知ってもらいたいです〜

　2017年6月5日（月曜日）に、地域づくり活動を積極的に行っている住民の方が、筆者の環境心理学の授業で講師になった。

　住民講師は、桂萱地区の真下靖氏（60代）、前橋地域づくり連絡会委員長・上川淵地区の鈴木政知氏（50代）、みやぎ地域づくり交流会の大崎博之氏（40代）、また、地区の地域づくり活動ではなく、NPO法人まえばし農学舎を拠点に活動している薫若葉氏（30代）であった。授業担当者である筆者が、住民の方へ質問を投げかけ、その質問について住民が答えるなかで、住民自身のまちづくり活動の語りが成り立っていった。

　住民講師全員の語りや学生側からの質疑への応答を基に地域づくりにおける視点を再整理してみる。筆者が地域づくり活動を横から見ながら少し関わりをするなかで見えてきた、前橋市地域づくりの連絡会議や

フェスタ等で何度も登場する意見も含めている。特に、長い間、連絡会の委員長を務めてきた鈴木政知氏の意見が多いに含まれていることを示しておく。これらの意見を総合して地域づくり活動における視点として次のように再整理してみる。

地域にあるものを生かした「事のデザイン・物のデザイン」

　地域づくり活動は、完全なる自治会活動そのままでもなく、完全なる個人的な趣味生活でもなく、もちろん完全なる職業でもない。自発的な半義務と個人的な力量をもって「地域」という共通項をもとに住民同士で調節しながら、共に生きやすい地域を目指している活動である。そのような地域づくり活動を行う上での視点・技法として見えてきたことは以下の通りである。

1）地域の再発見：「無い」から「有る」へ発想転換し地域の人々と共有

　各地区・地域の面積、人口構成や特性などが異なるなか、テーマ型まちづくりを行うには、問題を抱えている点に関連しながら、「無い」から「有る」ものへ発想転換する活動があった。いくつかの例を下に示す。

　①農業従事者が「ない」：農業が廃れ、休耕地だけが増えている問題のなかで、農業従事者が「ない」を、活用できる土地が「ある」に発想転換をした。土地所有者や他の住民との協議を経て地域の子ども達も巻き込んだ農・食育の活動が行われた。世代間・住民間の交流を図りながら古代米を育て収穫し調理して一緒に食べるまで、年間を通して参加し地域の食や農を知る。さらに、古代米収穫後の稲わらを使った竪穴式住居づくりを通して原風景を意識しつつ地域の風景づくりにも参加しながら地域歴史を学んでいる（上川淵地区）。

　②地区の特別な名勝地がない：名勝地はないが、庭を持っている一軒屋の多い農村地域であるので、その庭の花が見ごろになっている時期に地域の人々に公開する「オープンガーデン」による交流を図っ

た活動。地域花マップを作り、どの時季にどの家の花が見ごろであるかを公民館などで情報公開し更新している（清里地区）。

③地区に唯一ある伝統的な建造物は私有地の中：所有者と協議の上、地域にすむファミリーを対象に見学会を主催し、地域の歴史を知っている住民解説者の話を聞きながらファミリーウォーキングの開催をきっかけに、定期的に前橋市にある別の歴史的な所への見学するウォーキングを実施している（桂萱地区）。

④町・地区が再編・統合されまだ全体のつながり感が十分でない：もとの町も大事にしつつ全体としてつながるための活動として、もとの町の特性を生かしたマスコットを作り、そのマスコットのデザインを活用したクッキーづくりと販売を地区内にある養護学校との協力も得て行っている。また、マスコットのTシャツを作り、住民が着たり販売したりする活動でつながりを作っている（宮城地区）。

　以上の具体的な「物のデザイン（竪穴式住居づくり、マスコットやTシャツづくり等）」はすべて人々の交流を作りだすという意味で「事のデザイン」でもあり、史跡めぐりファミリーウォーキング・オープンガーデンは、それ自体「ことのデザイン」である。これらの活動は、全体的にはコミュニティデザインにつながっていると言える。

２）「何をする？」と「誰がする？/できる？」をセットに考える。

　地域づくり活動のなかに必ず講演会や勉強会を開いたり、住民同士で地域の課題や魅力について考えるワークショップなどを行ったりすることはよく見られるし必要なことでもある。しかし、その後の具体的な活動を考えていくときに、理想的当為論に基づき目標や課題を設定しても、共通に出てくる問題は、やる人がいない場合が多い。「何をするのか」という課題を考える時に必ず地域の中で「誰がするのか」をセットにして議論する必要がある。

３）「やりたい」ことを先に考え、そのなかで「やるべきこと」を考える。

　まちづくり・地域づくりという言葉はもともと上からの要求や指示ではなく、自発的な動きを強調していることを忘れないことも大事であろう。会議システムが作られると「やるべきこと」がどんどん大きくなっていく場合もあるが、可能な限り構成員それぞれが「やりたいこと」「ほしいこと」を考え出し賛同者を集めて行うことが、スムーズに実現し長く維持される。

４）内部者的視点と外部者的視点の交流で「活動の承認」「モチベーションの維持」と「新しい発見」につなげる。

　他者を見て自分を認識するのと同じように、他地区や他市・他県と交流をするなかでアイディアを交換したり自分たちの活動へのさらなる意味づけができたりする。さらに、地域住民のなかでも他地域から移動してきた外部の目を持つ人々の意見を参照することも有用である。長く地域に住んでいた人には当たり前すぎて見えない部分を再発見できるかもしれない。実際に前橋市でも、地域・地区間交流を行ったり、他市や他県に出かけたり、あるいは前橋へ呼び入れたりして交流を図るなかで継続的な広がりのなかで活動している。

５）人づくりとは「何かをやりたい人」と「その活動が必要とする場」をつなげること

　地域に愛着を持って自発的に関わるキーパーソンの役割は非常に大きい。本書の第1章でまとめた記録を見ると、活動における問題点として上がっている中でもっとも多いのは「人」の問題であった。若い人の不足、地域づくり活動の担い手が固定しつつあること、活動が安定してきたらマンネリ化してきていることが書かれている。

　しかし、人がないというのは、その地域に「人口がない」という意味ではない。A）「何かやりたい人はいるがそれが実現できる場を見つけ

てない」、B)「何かが必要とする場にそれをやってくれる人がいない」状態を人材がいない状態と捉え、A)とB)をつなげることがまず「人づくり」であるという視点がある。前橋市では、この発想に基づいて「地区にとらわれない若者会議」を立ち上げた。そのゆるやかな運営の仕方は「会議全体で何かやることを決めることはしない」「各自賛同者を得ながらやりたいことをやる」「地域への情報発信と地域・地区との交流を無理のない範囲でしていく」形である。地区ごとの活動とは別軸で「若者たちの活動」が多様化しつながりが広がりつつある。

6）活動するから問題が見えているのであり、それはポジティブに位置づける。

さまざまな活動や会議のなかで、「○○が問題だ」という意見を聞くことは多い。しかし、それは問題があるから悪いに終わるのではなく、「活動をするから問題点も見えていること」であり、それはよりよい方向を探しているという意味でもある。「活動をせず問題も見えない・見ない」こととは本質的に異なる次元であることを忘れないことは大切である。

図3-1　住民講師の授業風景

7) 地域は「つくる」ものではなく、各々の望みが実現され「つくられていく」もの

　組織が編成され地域で会議が始まると「地域のために何かをしなければならない」ということが先走りしやすい面もある。地域に暮らしながら「各々がやりたいこと」を「実現する」ことによってその地域はだんだんつくられていくという視点を持つことによって、理想論や当為論に走らず、関わる人々や地域の身丈に会う活動を見出すことにつながる。まさに、個々人が家に住むだけではなく、地域に住むことによってつくられていくと言える。

　以上、前橋市の地域づくり活動に少しではあるが関わる中で浮かび上がってきた点を書いてみた。これらの点を意識しつつ、地域に住んでいる人々が活動し、仲間の外延を広げながら自己更新しているなかに、さらに愛着を持てるようになっていく人が増えていくだろうと考える。

第4章　大学生の地域への関りと地域に対する認識

「皆さんは地域に住んでいますか？　家だけに住むのではなく、地域に住んでいますか？」。筆者は、毎年、授業の中に学生たちにこの質問を投げかける。

大学生たちは、授業を受けながら卒業のために必要な単位を履修すること、就職のための資格取得や諸準備をすること、また、大学生のうちに海外研修や留学等を体験すること、そのための資金準備等でアルバイトをすること、この4つの軸をもって動いている学生は多い。また、これらに加え、学内外での多様なサークルやボランティア活動などにも参加している。大学生は大学生ならではの忙しさの中にいる。このようななかで大学生たちは、どれくらい自分が住んでいる地域に目を向け関心を持っているのだろうか。

大学生の地域への関りと地域に対する認識

第2章で紹介した、住民を対象に行った同じアンケートでの大学生の回答を用いてまとめた内容（奥田・呉・大森,2018）から少し紹介する。回答した前橋の大学生は、166人（男性72人、女性91人、不明3人）であった。

まず、大学生の地域への参加程度は、住民の結果とは正反対であった。

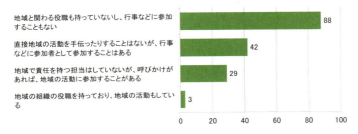

図4-1　大学生の地域活動への参加程度

つまり、「地域と関わる役職は持ってないし、行事などに参加することもない」者が88人（53.00％）でもっとも多く、次に「直接地域の活動を手伝ったりすることはないが、行事などに参加者として参加することはある」者が42人（25.30％）、「地域で責任をもつ担当はしないが、呼びかけがあれば、地域の活動に参加することがある」者が29人（17.50％）、「地域の組織の役職をもっており、地域の活動もかなりしている」者は3人（1.80％）であった。多い順が住民とは真逆であり、地域の中での異なる位置づけがわかる。

また、地域活動への参加程度と地域への愛着に関する因子得点を見ると、地域活動への関りが多い人ほど7つの因子すべてにおいて得点が高く、地域活動への関りが少ない人ほど7つの因子得点が低いというパターンは住民と同じであった。

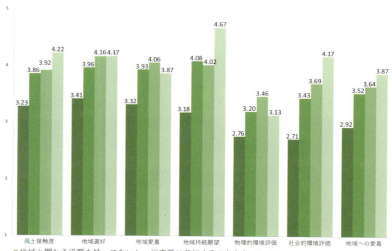

図4-2　大学生の地域での活動による地域愛着各因子の得点

次は、単純に大学生と地域住民の地域愛着の各因子の得点を比較してみた。その結果、「地域持続願望」を除くすべての因子において、大学生に比べて地域住民の方が有意に各因子の得点が高かった（図4-3参照）。これらの結果を総合すると、大学生は地域住民に比べると、地域活動への参加がとても少なく、その分地域の風土に接する機会も少ない。また、地域への愛着感情も住民より少なく、地域に対する物理的・社会的な評価も少ない傾向があることを意味している。

以上の結果は、1章で紹介されている地域づくり活動における各地区の問題点として、若者の参加が少ないことが上げられていることと文脈的に通じている。

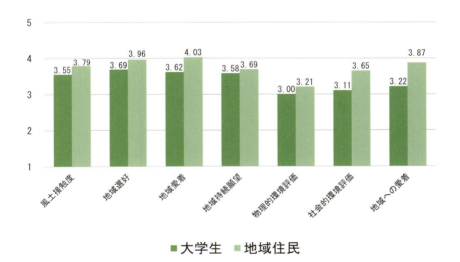

図4-3　大学生と地域住民の地域愛着各因子の得点

しかし、大学生だからと言って全員が全員地域に関心がないわけではなく、もちろん多様な形で活動に関わっている学生もいる。奥田・阿部・

三井（2016）の調査によると、地域愛着得点が高い大学生の方が、地域愛着得点が低い大学生に比べて、目標指向性、希望、現在の充実感、過去の受容の面すべてにおいての得点が高かったことが示された。それらの結果は、大学生と地域のつながりには大学生にとっても大きな意味があり、今後の地域と大学の関りにおける検討が必要であることも示唆している。

大学の授業で地域を取り上げることによる大学生の意識の変化

　地域にあまり興味を示さない大学生は、授業のなかで地域について学ぶことによって地域への認識が変わるだろうか。呉（2018）は、十数年担当している「環境心理学」の授業の中で、カリキュラムを再調節して地域を取り上げる時間を増やし、2015年度からは大学生が地域づくり交流フェスタに参加することを課題とした。また、2017度には、地域づくり活動を行っている住民を授業の講師として招待するなど、地域づくり活動と大学授業の交流を試みてきた。このような試みによって大学生の地域に関する認識に変化があるかについて検討しまとめた（呉,2018）。その一部を紹介する。

表4-1　環境心理学授業における地域と関連する内容（2017年度の例）

①地域関連1回目：原風景・場所への愛着という概念を学び、各自自分が生まれ育った所での体験に適用しながら考える。
②地域関連2回目：各自、前橋市の特徴について調べてから、「前橋市」を捉えたときにどのようなイメージなのかグループワークを通して県内・県外からの視点と比較しながら共有する。
③地域関連3回目：都市をイメージするときのエレメントについて学習し、映像を見ながら都市の特徴を見分ける体験をする。
④地域関連4回目：地域づくり活動を行っている4人の住民から地域づくり活動の内容や意義や難しい点などについて語りを聞き、質問する。
⑤「前橋市地域づくり交流フェスタ」に参加してから感想レポートを作成し、次回の授業のなかで受講生同士の発表会を行う。
⑥期末レポートの複のテーマから一つを選び、直接現場をきながらレポートを作成し、発表会で共有する（地域と関連するテーマが含まれている）。

第4章　大学生の地域への関りと地域に対する認識　79

　3年生以上が受講できる環境心理学の受講生は毎年40人くらいである。その授業で6回程度「地域」に関連した内容を取り上げている（表4-1）。2017年度の場合、地域に関連した授業6回のうち、具体的に大学のある前橋市と関連したのは3回であった（表4-1の④については3章で取り上げた。）。表4-1の⑤にあるように、受講生たちに前橋地域づくり交流フェスタに参加してからミニレポートの提出を課題にした。

　授業のなかで地域について考えてみたり、前橋地域づくり交流フェスタに参加したりしたことによって、大学生たちの地域への関心は変わっただろうか。自発的ではなく課題として参加したけれども、表4-2を見ると、やはりフェスタに行ってみたことによって新たな発見があったり、地域へ積極的な気持ちになったりしている様子が伝わってくる。

表4-2　地域づくり交流フェスタ参加学生の感想

感想カテゴリ	内　　　　　容
新たな発見 （驚き、興味、関心）	・素晴らしい取り組みがたくさんあるのだと知り、地域に対するイメージがわいた。驚いた。 ・私たちのような大学生等若者の参加が願われていることがわかった。 ・地域のための新鮮なアイディアがたくさんある。 ・人々の交流がどれだけ大切なのか知った。 ・様々な実演を見て新鮮だった、初めて知ったことが多かった。 ・地区ごとの取組や特徴が違うことを知った。
「私も」へ積極的化	・私も自分が住んでいる地域をもっと調べたい。 ・私も自分が住んでいる所の地域活動に積極的に関わりたい。 ・自分が住んでいる地域が好きになり知りたくなった。 ・決して人ごととは思わずに留めておきたい。 ・知るだけではなく発信する側になりたい。
心配、否定的イメージ	・基本的に年配の方が多い。 ・ほとんどの活動が年配の活動が多かった。 ・訪れている人は50を過ぎた人たちが多かった。 ・地域づくり活動やこのイベントがあまり知られていない。 ・お年寄りと幼児から小学生を対象とした活動が多く、中高生の活動が見られなかった。

　半年間の授業が終わるときに、学生たちの地域への興味・関心についてアンケート調査をしてみた。まず、前橋地域づくり交流フェスタにつ

いて受講以前から知っていたかという質問に対しては、94％の受講生が「授業で初めて知った」と答えた（図4-4）。また、授業でフェスタ参加を課題にしなくても自発的に見に行ったかいう質問にも94％の学生が「行かなかっただろう」と答えた（図4-5）。このことからも、地域関連の専門であったり、特別に地域関連のプロジェクト等に参加したりする学生ではない限り、大学生にとって地域と関連する事柄は、大きな関心事であるとは言えないのが実情であるかもしれない。

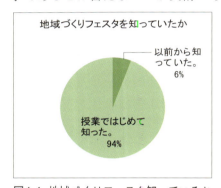 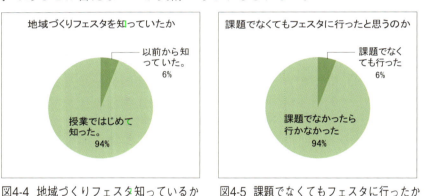

図4-4 地域づくりフェスタ知っているか　　図4-5 課題でなくてもフェスタに行ったか

　受講前（過去）と受講後（現在）の地域への関心について聞いた結果、自分が住んでいる地域に「過去も現在も関心ない」と答えたのが11％、「過去も現在も関心あり」という答えが23％だった。そして、授業で地域を取り上げたことによって「過去関心なし」から「現在関心あり」へ変化した学生は66％であった（図4-6）。また、卒業後の希望する就職地について聞いたところ、県内とその周辺希望が46％、都会に出てから地元に戻りたいが８％であり、合わせると54％の学生は、いずれは地元で暮らしたいと思っている（図4-7）。

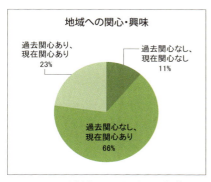
図4-6 地域への関心の変化

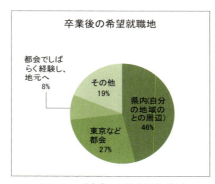
図4-7 将来の希望就職地

　これらの結果を総合すると、日ごろ地域へ関わる接点が少ない大学生にとって授業の範囲内で地域の人々や活動に接するだけでも地域への関心や考え方が変わりうること、将来の地元暮らし希望が半数以上であることから、大学の授業での地域を取り上げることは意味が大きいと考えられる。

地域と接点を持つさまざまな授業の必要性

　本章では、前橋に居住する大学生たちの地域への関りと地域への愛着との関連、そして、大学授業で地域を取り上げることによって地域への関心が変わるのかについて、特に、前橋の地区の地域づくり活動と連動する範囲に限定して述べてきた。

　最近、文科省の「地（知）の拠点整備事業（COC）」の流れの中で、地域の中の大学、地域の人材を地域の大学が育っていくというコンセプトで地域と大学の関りを探るさまざまな試みがある。COC担当の専門部署で大きなプロジェクトして実施されたりもするが、呉（2018）のように個別の授業範囲で、新たな模索をしているケースもある。例えば奥田（2018）は、社会文化心理学という授業の全コマを使い、まちなが学

生プロジェクトと題し、まちなかのさまざまな場や人々に出向き学びの活動を繰り広げている。

　呉（2018）の試みは、前橋の「地区住民による地域づくり活動」と接点をさぐりつつ地域に生きることを考える授業であるならば、奥田（2018）の試みは、地区の区分を必要としない「まちなかでの若者文化の生成」を探っているといえる。異なるパターンでありながら、どちらも「地域づくり・まちづくり」という文脈に載せられる。

　「地域づくり・まちづくり」といってもさまざまなスケールと種類の活動があり、人々がイメージする地域づくりは多岐にわたる。本書全体は、あくまでも「地区の住民による地区の地域づくり活動」という範囲を取り上げてきた。今後、多岐にわたる地域づくりのありかたについても検討しつつ、地域と大学の新たな共生関係の展開が必要であろう。

終章　地方創生時代における地域づくり

〜 前橋の地域づくりの次なるステージへ向けて 〜

　前橋市が、前橋の市民が、地域づくりに取り組んできたこの10年の間に、地域を取り巻く課題は大きなうねりを見せてきた。特に、最近の数年において最も大きなインパクトを与えているのは「地方創生」という社会課題であるだろう。前橋市において地域づくりの取組が開始されたころにはまだなかった言葉でもある。

　2014年に「まち・ひと・しごと創生法」の制定を受けて、政府に「まち・ひと・しごと創生本部」が設置され、その動きは本格的に始動した。地方においては、自治体ごとに人口ビジョンと地方版総合戦略を定めるよう求められ、前橋市でも2016年に「県都まえばし創生プラン」が策定された。地方創生の課題意識の根底は人口減による地方の疲弊と地域の存立危機にある。事実、国立社会保障・人口問題研究所の推計によれば、2010年段階で約34万人であった前橋市の人口は、2040年には約28万人、2060年には約22万人にまで減少する。さらに、2060年には年少人口比率が9％へと減少、生産年齢人口比率も51％までに減少し、相対として老年人口比率が40％まで上昇する。地域づくりに取り組んできた我々にとって、このことは大きなインパクトをもたらす。つまり、せっかく地域を活性化させ、その絆を紡いできたのに、そのつくられた地域を継ぐ者がいなくなるという状況を突きつけられているのだ。前橋市は、前出のプランにおいて、「1. 若者（18－34歳、特に女性）の結婚・出産・子育ての希望をかなえる」「2. 若者の定着と高齢者の活躍により、地域の活力を維持する」という二つの基本目標を定め、人口の将来展望において、2040年には30万人を維持し、2060年においてもなんとか26万5千人に留めようと各種の施策を計画しているところでもある。

このような「地方創生時代」において、地域づくり活動はどのような意味を持ちどのような役割が求められていくのだろうか。地方創生のために我々がなさなければならないことはいくつもあるが、その代表的なものとして、「1.産業の振興と若者の雇用創出」「2.産み育てやすい地域づくり」「3.魅力ある地域づくり」があげられるだろう。それらを通して、若者が定着し、次世代が育まれ、交流人口や移住人口が増加することを期待したい。しかし、そのためにはそれらを成し遂げ、地域を繋いで行ってくれる次世代の地域人材を育成しなければならない。実は、この次世代地域人材育成にこそ、地域の果たす役割が求められているのではないだろうか。地域人材に求められるのは「1.定着あるいはUターンの原動力となる地域への愛着」「2.自律的に社会生活を営み、できれば人々とつながることのできる社会性」「3.主体的に地域を牽引する力」であるだろう。

ところで、次世代育成の中心を担っているのは学校であることは誰もが認めるところである。その学校にも変化が起きている。「コミュニティスクール」というあり方が注目されているのだ。前橋市においても桃井小学校の新校舎はコミュニティセンターと併設され、地域と共に学ぶ環境が整えられたところでもある。さらに、次期学習指導要領の柱として「社会に開かれたカリキュラム」が掲げられた。同時に、中央教育審議会からは2015年に「新しい時代の教育や地方創生の実現に向けた学校と地域の連携・協働の在り方と今後の推進方策について（答申）」が出された。その中で語られているのは、まさに地域と学校の協働であり、次世代育成の主役は地域にあるということであった。

このような動きの背景の一つには、新しい学力観がある。今、子どもたちは、単に試験でよい点数を取ることのみならず、学力の3要素を身につけることが必要であると言われている。「1.基礎となる知識・技能」「2.基礎となる知識・技能を基にした思考力、判断力、表現力」「3.

主体性を持って多様な人々と協働して学ぶ態度」がその3要素であり、学力とはこの総体を指すのだ。このような力を身につけるためには、教室の中で教科書と対峙するだけでは十分ではない。そこで、社会に開かれたカリキュラムが求められてくるのだ。

　しかし、このことは同時に、地方創生と大きな連関を帯びてくる。先に挙げた地域人材要件の涵養を考えるとき、地域への愛着は地域の中で育まれるものであるし、国立青少年教育振興機構の「子どもの体験活動の実態に関する調査研究」（平成22年）によれば子どもの頃の地域活動と大人になってからの社会性は大きな相関をもっている。それは、他者との交流の中から社会性の基礎となる自己有用感が育まれるからだとも言われている。そして、先に見た学力の3要素はそのまま主体的に地域を牽引する力に相当していくだろう。

　このように次世代育成の観点が変容する中で、地域に求められる役割の比重は大きさを増している。先述の中央教育審議会答申では、地域学校協働本部のような組織の案も提示され、学校教育に単なるお手伝いや支援の域を超えて地域が関わっていく姿が描かれている。繰り返しになるが、次世代の地域人材を育成するその主役は、まさに我々がつくってきた地域なのである。

　本書では、これまで前橋市の各地域で取り組まれてきた地域づくり活動を振り返り、その意義や効果を検証してきた。今後、前橋市の地域づくりはいよいよ次のステージへと向かうことになるだろう。それは、育んできた地域を繋ぐためにも、地方創生を念頭に、求められる地域の機能や役割を意識した取組へと歩みを進めることではないだろうか。

　しっかりと地域が形成されているからこそできる次なる展開の基礎を前橋はもう築いているのだから。

〈引用文献〉

Altman, I. & Low, S.M (1992). Place Attachment: A conceptual Inquiry. In Altman, I. & Low, S. M.(eds), Place Attachment. New York: Plenum Press.

遠藤利彦(2002)人生の出発:発達の基礎としての愛着 小嶋秀夫・やまだようこ(編)生涯発達心理学 pp40-56 東京:放送大学教材.

引地博之・青木俊明・大渕憲一(2009)地域に対する愛着の形成機構 – 物理的環境と社会的環境の影響 – 土木学会論文集 65, 101-110.

南 博文(1995)子どもたちの生活世界の変容 – 生活と学校の間 内田伸子・南博文(編)講座生涯発達心理学3 – 子ども時代を生きる:幼児から児童へ – pp1-26 東京:金子書房.

呉宣児(2004)地域再生という現実へ – 原風景と地域共同体 山本登志哉・伊藤哲司(編) 現代のエスプリ:現実に立ち向かう心理学 pp120-128 東京:至文堂.

呉宣児 (2018) 前橋の地区住民の地域づくり活動と大学授業の交流の試み – 環境心理学授業を通して 共愛学園前橋国際大学論集 18, 279-291.

呉宣児(2001)語りから見る原風景 – 心理学からのアプローチ 東京:萌文社.

呉宣児・奥田雄一郎・大森昭生(2016)前橋市地域づくり事典 共愛学園前橋国際大学「地(知)の拠点整備事業(COC)」研究チーム報告書.

奥田雄一郎(2018) 社会文化心理学:まちなか学生プロジェクト – まちなか若者文化生成のための心理学的実践① – 共愛学園前橋国際大学論集 18, 261-278.

奥田雄一郎・呉宣児・大森昭生(2018)群馬県前橋市における地域認識と地域への愛着② – 大学生定量データの分析 – 共愛学園前橋国際大学論集 18, 249-260.

奥田雄一郎・阿部廣二・三井里恵(2016)大学生の地域愛着と時間的展望 共愛学園前橋国際大学論集 16, 157-164.

奥野健男(1972)文学における原風景:原っぱ、洞窟の幻想 東京:集英社.

城月雅大(2018)まちづくり心理学入門 名古屋:名古屋外国語大学出版会.

園田美保(2002)住区への愛着に関する文献研究, 九州大学心理学研究 3, 187-196.

園田美保・木本圭一(2008)地域に関わる授業と受講学生の地域への愛着及びまちイメージいついて 人間環境学会誌(MERA Journal)21, 41.

杉万俊夫(2006)コミュニティのグループ・ダイナミックス 京都:京都大学出版会.

鈴木春菜, 藤井聡(2008)地域愛着が地域への協力行動に及ぼす影響に関する研究土木計画学研究・論文集 25, 357-362.

＊https://www.jcrd.jp/hiroba/prefectues

【編著者紹介】

呉　宣児（お　そんあ）

共愛学園前橋国際大学国際社会学部教授。環境心理学、文化発達心理学。『語りからみる原風景 ― 心理学からのアプローチ』（単著、萌文社、2001年）『心理学の新しいかたち―シリーズ10 ― 環境心理学の新しいかたち ― （共著、誠心書房、2006)』『子どもとお金 ― おこづかいの文化発達心理学』（共著、東京大学出版会、2016）。

奥田　雄一郎（おくだ　ゆういちろう）

共愛学園前橋国際大学国際社会学部教授。青年心理学、教育心理学。『ディスコミュニケーションの心理学 ― ズレを生きる私たち』（共著、東京大学出版会、2011)『「大人になること」のレッスン ―「親になること」と「共生」』（共著、上毛新聞社、2013）。

大森　昭生（おおもり　あきお）

共愛学園前橋国際大学国際社会学部教授。男女共同参画論、アメリカ文学。『男女共同参画時代における子育て支援者養成ガイド』（共著、日本女性学習財団、2003)『アーネスト・ヘミングウェイ：21世紀から読む作家の地平』（共著、臨川書店、2011)。『グローカル力は鍛錬できる』（共著、上毛新聞社、2017)

＜執筆担当部分＞

序章　呉宣児
1章　各地区の住民
2章　奥田雄一郎・呉宣児・大森昭生
3章　呉宣児
4章　呉宣児・奥田雄一郎
終章　大森昭生

前橋市の地域づくり事典
―「家に住む」から「地域に住む」―

平成30年4月30日　初 版 発 行

編著者　呉　宣児・奥田　雄一郎・大森　昭生

共愛学園前橋国際大学
〒379-2192　群馬県前橋市小屋原町1154－4
TEL　027-266-7575（代表）

発　行　上毛新聞社事業局出版部
〒371-8666　前橋市古市町1－50－21
TEL　027-254-9966

©OH, Sunah OKUDA, Yuichiro OMORI, Akio 2018